Las
DOCE LEYES
UNIVERSALES

del

ÉXITO

LAS
DOCE LEYES
UNIVERSALES
DEL
ÉXITO

Herbert Harris

Grupo Editorial Tomo, S. A. de C. V.
Nicolás San Juan 1043
03100 México, D. F.

1a. edición, febrero 2000.
2a. edición, enero 2002.
3a. edición, julio 2004.
4a. edición, noviembre 2007.

© *The Twelve Universal Laws of Success*
Herbert Harris
Published by the Lifeskills ® Institute, Inc.
Copyright 1997 by Family Marketing

Traducción: Francisco Emrick

© 2007, Grupo Editorial Tomo, S.A. de C.V.
Nicolás San Juan 1043, Col. Del Valle
03100 México, D.F.
Tels. 5575-6615, 5575-8701 y 5575-0186
Fax. 5575-6695
http://www.grupotomo.com.mx
ISBN: 970-666-223-5
Miembro de la Cámara Nacional
de la Industria Editorial No. 2961

Diseño de Portada: Trilce Romero
Diseño Tipográfico: Rafael Rutiaga
Supervisor de producción: Leonardo Figueroa

Impreso en México - *Printed in Mexico*

DEDICATORIA

Este Libro está dedicado a mis hijos:

Olivia Khera Harris	Sean Anthony McDuffie
Mark J. Brady	Sade Michelle McDuffie
Sean A. McDuffie Jr.	Habeebah Rasheed
Hashim Rasheed	Alan Loar Williams
Ronald McDuffie	Charles Harrison
Jamie Ford	

Y a mi Tía Lavinia E. Sneed, cuyo amor y guía me proporcionaron un gran aprecio por el conocimiento, el trabajo esmerado, y la excelencia personal.

Con una dedicatoria especial a mi hija Olivia Khera Harris, cuyo amor y afecto, simple y puro, dado de forma espontánea, me inspira a ser un mejor padre.

Y a mi esposa Valerie Wilson, cuyo consejo, ánimo y apoyo decididos, hicieron posible este libro.

AGRADECIMIENTOS ESPECIALES

Durante años de estudio personal, he sido bendecido al conocer a muchas personas extraordinarias, quienes han compartido su conocimiento y experiencia para ayudarme a ser una mejor persona. Algunas de estas personas muy especiales son:

El Reverendo Ike, quien compartió conmigo sus conocimientos únicos en religión y metafísica, y me dió la oportunidad de trabajar y estudiar con él.

El Dr. Eric Butterworth y La Unidad, quienes me proporcionaron lecciones semanales acerca de los principios verdaderos en el Lincoln Center, en la Ciudad de Nueva York. Estas lecciones fueron una gran fuente de conocimiento e inspiración.

El Dr. Johnnie Colemon y el Reverendo Don Nedd, quienes me dieron mi primera oportunidad para hablar en una gran iglesia.

El Dr. Robert Schuller, cuyo ministerio por televisión, me proporcionó una continuidad espiritual durante mis viajes.

H. H. Brahmrishi Vishavatma Bawra Ji, cuyas enseñanzas han sido una fuente de iluminación y sanación.

Stuart, Sharon y Lauran Schultz, cuya compañía, Programas de Mercadotécnia, fue de gran apoyo durante la escritura de este libro.

La Reverenda Ruth M. McDonald y la Iglesia Milagrosa de Ciencia Religiosa, quienes me brindaron un enorme apoyo y numerosas oportunidades de hablar.

Agradecimientos

En mis años de estudio, durante tiempos difíciles, llegaron a mi vida ciertas personas muy especiales, y compartieron su conocimiento, tiempo y ejemplo en la vida.

Algunos de estos amigos son:

Barry y Kim Ackle	Judi Allaire
Sr. Ashley R. Andrews	Benjamin y Gale Armstead
Larry Barnett	Les Brown
Aldwin R. Brown	Lorene Brown
Tony Brown	Lester Bryant
Lynette Carrington	Peter y Theresa Christian
Rubi Celestine	Rev. Willie Cooper
Dr. Ernest Davis	Shy Dureaux
Dra. Barbara Davis	Sr. Edward F. Fordham
Antoinette Franklin	George Fraser
Norman Frederick	Desmond Gibson
John Harley	Cynthia Haywood
Burke Hedges	Michele Hill

Hoy es el día más maravilloso
de mi vida. Tengo salud perfecta.
Tengo perdón. Tengo amor.
Tengo la riqueza económica
más grande jamás antes vista
y con ella ayudo a los demás

Hoy es el día más maravilloso
de mi vida. Tengo salud perfecta.
Tengo perdón. Tengo amor.
Tengo la riqueza económica
más grande jamás antes vista
y con ella ayudo a los demás.

Cecelia Huffman
Ollie Jefferson
Khalil a. Malik
Jay Martin
Marie McCallum
Lea Leever Oldham
Barbara Nowell
Tiahmo Ra-uf
Anthony Robbins
Wynn Shafer
Earl y Dundie Shaw
David Smile
Peggy Stephens
Bob Tate
Mayor Michael R. White
John Wilson III
Van Woods

Russell Hemphill
John H. Johnson
Marcelle A. Miranda
Michelle Posey Murphy
Saba Mchunguzi
Nathan e Ivonne Oliver
John Raye
Sr. Terry Richardson
Jerry Roebuck
David Sage
Dr. Milton Slaughter
Amir y Patricia Solomon
Bob y Lee Thomas
Eric Truxon
Anthony Welters
Dennis Windsor
Ali Yasin

Dr. George Butler
Marc Danaceau
Dr. Joe L. Dudley
Stanley James
Elder Linwood Nesbitt
Dee Perry
Susan Taylor
Garland Woods

Richard Cliette
Suzanne DePasse
Sr. Peter Grear
Estella Loar
Richard Parsons
Dra. Jewel Pookrum
Iyanla Vanzant
Curtis Woods

INTRODUCCIÓN

PARA QUIÉN SE ESCRIBIÓ ESTE LIBRO

Este libro se escribió básicamente para aquellos que han tenido éxito en la vida. Hay que dar el crédito cuando se debe dar. El hecho de que te encuentres aquí, en este momento, para poder leer este libro, significa que has tenido éxito en lo que muchos de tu generación han fracasado. Has sobrevivido.

Quizá tengas buena salud y un trabajo decente. Sin embargo, a veces te encuentras con que todavía falta mucho para que se acabe el mes, cuando ya se ha acabado tu dinero. Probablemente posees una casa y un auto. Y has hecho lo mejor posible para criar unos buenos hijos, que esperamos, ya sean autosuficientes, o que lo serán muy pronto.

En este punto de tu vida, desearás hacer cualquier cosa para conseguir el conocimiento, las técnicas y las relaciones necesarias para crear una mejor vida para ti. El hecho de que estés leyendo seriamente este libro (a esto le llamamos, "**en el camino**"), es una indicación clara de que estás próximo a obtener todo lo que necesitas para lograr lo que quieres.

En esencia, lo que necesitas son algunos pensamientos claves, mejoramiento y refinamiento de tus hábitos y técnicas, y una o dos personas que puedan ayudarte o guiarte en el camino. Este nuevo conocimiento, junto con lo que ya conoces en base a la experiencia, te guiarán en tu jornada hacia las metas que deseas lograr, la visión que deseas obtener y la persona en la que deseas convertirte.

Este libro es una guía valiosa para el joven que acaba de comenzar a vivir por su cuenta. Puede proporcionar técnicas, conocimiento y comprensión de gran valor, que ayudarán a evitar los problemas a los que siempre se enfrenta el novato. Aprender a aplicar la información contenida en este libro, te colocará en el camino rápido al éxito y al triunfo verdaderos, a una edad temprana. Aquellas figuras únicas en la historia que pusieron su sello personal en la conciencia del mundo, por lo general, dominaron a una edad temprana los principios claves establecidos en este libro.

CÓMO USAR ESTE LIBRO DE UNA MANERA MÁS EFECTIVA

Renueva tus Aptitudes para el Estudio. Una de las primeras y más importantes aptitudes que debes desarrollar en tu jornada hacia el éxito es estudiar con eficacia. Sin esta aptitud, algunos estudiantes dedicados que se encuentran en el camino, se desanimarán como resultado de las dificultades que tengan al leer, estudiar y retener la infomación. Una técnica muy eficaz para mejorar tus aptitudes para el estudio, es el Método de estudio EP3R.

EL MÉTODO DE ESTUDIO EP3R

El Método de Estudio EP3R, es un método completo que se puede aplicar a cualquier tema con excelentes resultados. Se puede usar al leer un artículo, un libro o aplicarse al aprendizaje del contenido de un curso completo.

El primer paso al aplicar este método es EXAMINAR (E). Examinar el material que va a ser aprendido. Explorarlo en su totalidad. Observar la forma en que la información está organizada y su formato. Pon atención especial al índice y a los encabezados de los capítulos o los temas. Busca resúmenes del material incluido. Léelos cuidadosamente. Familiarízate con el estilo de escritura y con la forma como está organizada la información. Este examen debe ser realizado de manera rápida pero completa. Elabora notas breves.

Luego de examinar el material, escribe las PREGUNTAS (P) que esperas sean contestadas por el material. Estas preguntas representan lo que esperas aprender.

El propósito principal de examinar el material y las preguntas importantes del escrito es estimular tu mente y generar aquello que ya sabes acerca del material que se estudia. Conforme revisas el material, en silencio intruye a tu mente para que recuerde todo lo que sabes acerca del tema.

"Lo que conozco acerca de (tema)
aparece frente a mis pensamientos".

A continuación, REPASA (1R) el material por completo. Conforme lees el material en su totalidad, piensa sobre las preguntas que esperas sean contestadas. Pero no te desvíes de tu lectura. Realiza la lectura de principio a fin. Haz notas concisas y breves de la información importante incluída en tu lectura. Una vez que hayas terminado el material, determina si se contestaron todas las preguntas. Si no, ¿por qué no fue así? Si se contestaron, escribe las respuestas.

Ahora, REVISA (2R) el material en su totalidad. Enfócate a tus notas y observaciones en todo el texto. Si es necesario, haz nuevas notas. Revisa los puntos importantes y concéntrate en aprendértelos.

Para finalizar, evalúate a ti mismo. RECITA (3R) de memoria lo que has aprendido en tus estudios. Cualquier cosa que no puedas recordar durante este ejercicio, es probable que no la puedas recordar posteriormente. Repite los puntos importantes una y otra vez hasta que estén bien grabados en tu mente. Una vez que puedas recitar los puntos importantes sin ver el material o tus notas, habrás dominado la retención de este material de una vez por todas.

Incluso, si no entiendes totalmente algunas partes del material, al menos podrás recordarlas para una revisión futura. Te dirás a ti mismo que la información que repites está almacenada para siempre en tu mente, y que tienes listo el acceso a ella en el futuro.

Usa este método conforme lees este libro. Aplícalo capítulo por capítulo. Los resultados te sorprenderán.

CONCEPTOS Y TERMINOLOGÍA

La verdad acerca del éxito

Por lo general, el éxito se define como un resultado o producto favorable o satisfactorio. En cualquier actividad que realices en la vida, obtendrás resultados. Si estos resultados son o no son los que deseaste, en esencia manifestará si tuviste éxito o fracasaste en tus esfuerzos. El éxito a menudo se define como la obtención de salud, fama, posición, etc. Sin embargo, en términos muy generales, *el éxito es la realización continua de los resultados o productos que deseas.*

En un nivel físico, con frecuencia el éxito se ve como logros materiales específicos, un tipo particular de auto, casa, posición o nivel de ingresos. Sin embargo, una vez que se han obtenido el auto, la casa y otras posesiones materiales, no existe un crecimiento mayor en comprensión, sabiduría o conciencia. Las personas que operan en este nivel material de éxito, por lo general consumen sus esfuerzos en mantener estas posesiones que representan su éxito.

Cuando el éxito se comprende en un nivel espiritual, se ve como la realización progresiva de un propósito de gran mérito. Uno continúa creciendo y desarrollándose en todos los aspectos. En un nivel espiritual, el éxito es un desarrollo continuo de tu propósito y destino.

El éxito verdadero es el esfuerzo progresivo y continuo para el logro de tus metas y la realización de tu visualización sobre ellas. Esto te guía hacia tu propósito de mayor mérito en la vida.

El éxito debe existir primero en tu mente

El éxito comienza en tu propia mente. Debes tener en tu mente, de manera constante, un concepto y una visión de lo que significa para ti el éxito.

"Te conviertes en lo que piensas la mayoría del tiempo".

(Earl Nightingale)

Sé constante en tus esfuerzos

Nunca tomes un descanso en tu jornada hacia el éxito. No te detengas a descansar y a recibir una recompensa demasiado pronto. Cuando te detienes a la primera señal de éxito, te vuelves inactivo, indolente y comienzas a declinar. Cuando tus esfuerzos principien a producir recompensas y resultados, trabaja todavía con más ahinco. El éxito y el triunfo sólo llegan mediante el trabajo continuo. El único lugar en donde el éxito viene antes que el trabajo, es en el diccionario.

Aléjate de la multitud que yace en el fondo

Uno de los más difíciles pasos a los que te enfrentarás en tu jornada hacia el éxito, será alejarte de la multitud que yace en el fondo de la vida. Existen muchas personas mediocres, sin éxito, que han fracasado en reconocer o actuar con su verdadero potencial. Si te asocias con ellos de manera constante, tu camino hacia el éxito tendrá una corta vida. Deberás despejar el área y hacer espacio para nuevas relaciones que complementen y apoyen tus esfuerzos hacia el éxito.

Una vez que te hayas alejado de la multitud mediocre, acepta el estado temporal de soledad y prepárate para tu éxito.

Desea cambiar tu vida por completo

Debes estar dispuesto a cambiar completamente tu vida. Haz que tu vida sea congruente, consistente y armónica con el éxito que deseas. ¿Existe algo en tu manera de pensar o sentir que frustará tus esfuerzos hacia el éxito? Si es así, soluciónalo de inmediato. Haz lo que sea necesario, durante el tiempo que sea necesario, para convertirte en la persona que debes ser para lograr tus metas y realizar tu visión del éxito.

Cada día, de todas formas,
me estoy volviendo cada vez mejor.

NUEVE REGLAS PARA CONVERTIRSE EN UN TRIUNFADOR

1. No seas moroso.

No esperes hasta que estén listas todas las condiciones para tener éxito. Podrías esperar por el resto de tu vida. Piensa que tú siempre posees la comprensión, el coraje y la autoconfianza para actuar. Date cuenta que la morosidad es un estado mental.

2. Actúa ahora.

Da el primer paso. Siempre hay algo que puedes hacer JUSTO AHORA para aproximarte a tu triunfo. Usa la necesidad, el deseo, la ambición y una actitud positiva para motivarte a la acción inmediata. Vence todos los pensamientos de desesperanza, limitación, carencias, negatividad y fracaso.

3. Sostente por tu propio pie.

No dependas de nadie, ni de nada para tu éxito. Ellos podrían estar dependiendo de ti. Piensa que ya tienes todo lo que necesitas para conseguir lo que quieres. Deberías volverte independiente como parte de tu interdependencia en el mundo.

4. No temas al fracaso.

Fracasar prueba que lo estás intentando. Cada fracaso es sólo como probarte la ropa para el éxito. Cada oportunidad para tener éxito, también contiene la posibilidad para sufrir un fracaso. Aprende de tus errores y de tus fracasos, y concéntrate en tus posibilidades de triunfar.

5. No te rindas por cosas sin importancia.

Tú vales exactamente por lo que dices que vales. Conoce todo tu potencial y el verdadero valor de tus habilidades. Date cuenta que eres un individuo muy especial, con capacidades ilimitadas para la salud, la riqueza, la felicidad, el amor, el éxito, la prosperidad y el dinero.

6. Desarrolla el hábito exitoso de estar orientado hacia tus metas.

Establece metas realistas. Determina lo que debe hacerse para el logro de tus metas. Haz planes para su realización.

Mantén un registro de lo que haces y de tus logros. Apégate a tus metas hasta que se hayan realizado.

7. Visualiza tus metas y cree que puedes lograrlas.

Ve cada meta con claridad y detalladamente con el ojo de tu mente: tu imaginación. Desarrolla una relación sensorial con tu meta. Conoce cómo se ve, se siente, huele, sabe y suena. Obsérvate a ti mismo como si ya hubieras obtenido tu meta. Mantén esa visión en tu mente de manera constante, cree que puedes lograr tu meta y que así lo harás. Convéncete que tu meta será lograda a tiempo.

8. Planea tu trabajo, y trabaja en tu plan.

Analiza tu meta. Escribe cada una de las acciones que deben llevarse a cabo para lograrla. Haz un plan para llevarla a cabo. Prepara un calendario de actividades para la ejecución de cada acción. Lleva a cabo tu plan de acuerdo a tu calendario, y produce los resultados deseados. Cuando lleves a cabo tu plan con eficacia, atraerás la atención de otras personas que te ayudarán en tus actividades.

9. No claudiques.

Claudicar demuestra tu falta de creencia en ti mismo. Un ganador nunca claudica, y un claudicador nunca gana. Cuando sientas que llegas al final de la cuerda, haz un nudo y sostente. Debes estar preparado para hacer todo lo que se necesite hacer, durante todo el tiempo que se necesite.

NIVELES DE CONCIENCIA

Existen tres niveles de conciencia (mente). Ellos son la **mente consciente,** la **mente subconsciente,** y la **mente superconsciente.** Las características de cada nivel son:

La mente consciente

Tu mente consciente es lo que piensas. Esta es tu mente lógica, racional. Es masculina en su naturaleza y opera de manera personal, selectiva y juiciosa.

Tu mente consciente crea y desarrolla tus pensamientos. Tus pensamientos tienen dos aspectos: la idea, la declaración del pensamiento, y los sentimientos asociados con el pensamiento. Tu mente consciente transmite tus pensamientos a tu mente subconsciente mediante el aspecto de los sentimientos del pensamiento.

La mente consciente razona inductivamente. Procede a las conclusiones basada en la observación, la experiencia y la educación. La mente consciente representa el mundo de la causa.

La mente subconsciente

Tu mente subconsciente representa lo que eres. Esta es tu mente emocional, sentimental. Esta mente subconsciente es femenina en su naturaleza y opera de manera impersonal, no selectiva y sin juicio. No es selectiva, ya que recibe todas las ideas y les da forma y expresión mediante el sentimiento. No tiene juicio pues no está influenciada por la verdad o falsedad de las ideas que recibe. Tu mente subconsciente acepta todas las ideas como verdaderas, y les da forma y expresión mediante el sentimiento. Responde a la persuasión, sugestión y autosugestión. La mente subconsciente razona por deducción. Procede a asumir como verdad todas las ideas, y desarrolla un sistema de lógica que hará objetiva (manifestará) esa verdad de acuerdo con los sentimientos asociados con ella. La mente subconsciente representa al mundo del efecto.

La mente superconsciente

La Mente Superconsciente es la fuente de toda la creatividad y la fe. Es la mente espiritual, que ni es masculina, ni femenina. Tu mente superconsciente opera en un nivel subconsciente todo el tiempo. Tiene acceso completo y total a todas las ideas, sentimientos e información almacenadas en tu mente subconsciente. También tiene un acceso ilimitado a todo el conocimiento y la información en existencia.

Tu mente superconsciente es la fuente de toda intuición, inspiración y motivación interna. Es capaz de tener una motivación orientada hacia una meta, y es estimulada por la claridad de pensamiento y la firmeza en las decisiones. La mente superconsciente responde a órdenes claras, dichas con autoridad, liberando ideas y energías.

Tu mente superconsciente es independiente del tiempo. El pasado, el presente y el futuro son uno y el mismo. Se identifica con la Mente de Dios.

De acuerdo a la manera mental de proceder, tienes un pensamiento en la mente consciente. El aspecto sentimental de este pensamiento estimula la mente subconsciente, que se comunica e interactúa con la mente superconsciente para hacer objetivo, o manifestar, el pensamiento en tu experiencia de vida.

RELACIONES ARMÓNICAS

El principio básico del universo es el orden. Cuando el orden se extiende durante cierto tiempo, se convierte en armonía. Esta armonía universal es como una gran sinfonía en la que todas las notas, vibraciones y sonidos están siendo ejecutados al mismo tiempo, durante todo el tiempo.

Cada entidad, cada persona, cada forma de vida es una nota, una vibración en ese gran sonido universal. Cuando tu vida está en orden, tus metas se logran y tus visualizaciones se realizan. Tu propósito se cumple y tú estás en una completa relación armónica con el universo. La nota y la vibración que constituyen tu vida están en perfecta armonía con el universo. Cuando se obtiene esta perfecta armonía, te conviertes en uno con el universo, y en el nivel apropiado de conciencia, dejas tu cuerpo físico para ascender al siguiente nivel de existencia universal.

Cuando tu vida está en desorden, tus metas no se logran y tus visualizaciones no se realizan. No estás en una relación armónica completa con el universo.

¿Cómo sabes si tu vida está en desorden? Lo sientes. No eres feliz. No te resulta claro hacia dónde te diriges. Temes al futuro, y sufres ansiedad, estrés y un sinnúmero de sentimientos desagradables.

¿Cómo pones en orden tu vida? Estudia los principios universales del universo, y luego alíneate con estos principios. El grado al que te alínees con estos principios universales, determina el grado al cual tu relación armónica con el universo puede llegar. La manera en que te alíneas con los principios es estudiándolos, implementándolos y dominándolos. Mientras más lo logres, más completa será tu relación armónica con el universo. Una vez que estés en el camino, verás que este es un ciclo infinito de crecimiento, iluminación y elevación al siguiente nivel que será dominado.

Los siguientes capítulos exponen las leyes del éxito y demuestran su aplicación universal. Estos principios te ayudarán y te asistirán conforme avances hacia el logro completo de tu relación armónica con el universo.

Existen siete relaciones armónicas básicas

La primera relación armónica es la relación entre tú y Dios, la Fuerza Universal. **Yo con la Fuente.**

La segunda relación armónica, es la relación contigo mismo. **Yo Conmigo Mismo.**

La tercera relación armónica, es la relación entre tú y otras personas. **Yo con Otros.**

La cuarta relación armónica, es la relación entre tú y tus poderes. **Yo con la Energía.**

La quinta relación armónica, es la relación entre tú y tus objetivos. **Yo con los Objetivos.**

La sexta relación armónica, es la relación entre tú y lo que logras. **Tú con los Resultados.**

La séptima relación armónica, es la relación entre tú y el propósito de tu vida. **Yo con el Propósito.**

Cómo se usará la Biblia

A través de todo el libro, se hará referencia a varios pasajes bíblicos. La Biblia se usa como una fuente de principios espirituales y como un libro de texto de las leyes universales. Se usa debido a que el autor está más familiarizado con ella. Si se estudiaran cada uno de los textos espirituales de todas las diversas religiones, se encontrarían los mismos principios básicos.

Al citar partes de la Biblia, me he adjudicado la licencia literaria para cambiar el género del másculino él, o el femenino ella, al género universal de ellos o nosotros.

Capítulo 1

LAS ETAPAS
DE LA VIDA

La clave para una vida exitosa, es darse cuenta que **ésta es un hábito aprendido, una destreza adquirida.** Este aprendizaje comienza en la concepción y continúa hasta la muerte. En el curso del aprendizaje de estas lecciones de la vida, tu nivel de conciencia se desarrolla y crece. Comienzas a tener cierto entendimiento y comprensión sobre lo que debes saber para disfrutar una vida exitosa y feliz.

La primera comprensión acerca de la vida, es que ésta es un jardín y tú eres el jardinero. Tu jardín puede estar bien atendido, cultivado impecablemente y puede contener algunas de las flores más hermosas que existen, es decir, cualidades y experiencias positivas. O bien podría estar invadida por la maleza, o pensamientos y emociones negativas, hasta el punto en que ya no hubiesen flores.

La segunda comprensión acerca de la vida, es que toda acción, incluyendo la inacción, tiene un resultado definido.

"Cualquier cosa que (una mente) siembre, eso será lo que (ellos) también cosecharán".

(Gálatas 6:7)

Si no hay siembra, no se obtendrá nada

En un jardín, si no haces nada, todo lo que hay alrededor no permanecerá estático. La maleza crecerá por sí sola. En la vida, si no cultivas tus flores de manera afirmativa, es decir, si no desarrollas los talentos y los dones recibidos del creador, tu propia vida estará invadida con maleza, o experiencias, emociones y pensamientos negativos. Si no cambias, y emprendes acciones para remover esa maleza de tu vida, tus habilidades se consumirán y se perderán.

La tercera comprensión de la vida es que todas las cosas tienen una temporada. La vida tiene temporadas, estaciones o etapas. Estas etapas, no obstante ser algo cronológico, están basadas en tus pensamientos, actitudes, emociones y asociaciones en períodos particulares de la vida. Cada etapa dura de 20 a 25 años. Hay ciertas cosas que debes llevar a cabo y dominar en cada etapa de la vida. Cualquier cosa que no domines en cualquier etapa en particular, subsistirá como un reto potencial en etapas subsecuentes.

LAS CUATRO ETAPAS DE LA VIDA

Educación
Sensación y Experiencia
Poder
Inmortalidad

La primera etapa de la vida, es la etapa de la Educación

Por lo general, esta etapa va desde la concepción hasta los 20 ó 25 años de edad. Durante ella aprendes las reglas básicas y/o fundamentales del juego de la vida. Formulas o aceptas un sistema de valores. Obtienes tu instrucción básica leyendo, escribiendo, evaluando, pensando con lógica y efectuando decisiones. Generalmente, en la etapa de la educación, estableces los cimientos (pensamientos, actitudes, emociones y asociaciones), en los que está basada toda tu vida.

Es en esta primera etapa que desarrollas tus actitudes básicas hacia ti mismo, tu autoimagen. También desarrollas tu actitud hacia las otras personas y el mundo en general. Es aquí donde desarrollas la autoconfianza o el temor; la fe o la duda; la cobardía o la valentía. Aquí se moldea tu naturaleza, ya sea la de un benefactor o la de un ladrón.

El reto en esta primera etapa, es que la mayoría de tu educación proviene de otras personas. Tú, el niño o el joven, tienes poca injerencia en el asunto. Por consiguiente, los pensamientos, actitudes, emociones y experiencias, positivas o negativas, de los padres, maestros, ministros o de cualquier otra autoridad o figura de admiración, tienden a perpetuarse en el niño o el joven.

Si esta etapa de cimentación no se construye sólidamente, entonces, muy a menudo, en algún punto posterior en la vida, cualquier grieta en los cimientos se hará evidente. Aparecerá como un ladrón en la noche que se llevará tu paz mental, tu buena salud, tu gloria y tus posesiones.

Cuando este cimiento se construye en base a la verdad, la honestidad, el amor, la fe, la disciplina, la confianza, la compasión y todos los aspectos y cualidades positivas, entonces nada malo es posible. El joven que ha terminado en forma apropiada esta etapa de educación, ahora está preparado de manera apropiada para las siguientes tres etapas y para el resto de su vida.

Aprende el dominio de la práctica

La segunda etapa de la vida es la etapa de la Emoción, la Sensación y la Experiencia

Desde el punto de vista cronológico, estamos hablando de los 20 a los 40, o de los 25 a los 50 años de edad. Esta es la etapa cuando empiezas a experimentar y a encontrar cosas acerca de ti mismo. Es en esta segunda etapa cuando experimentas verdaderamente el proceso del vivir. Por lo general, actúas en base a tus propias ideas y enfrentas los retos de la realidad de un adulto. En este punto experimentas el amor, el sexo, el alcohol, las drogas, la competencia, la inseguridad, el éxito, el fracaso, la frustración y todas las otras sensaciones que hacen la vida emocionante e intensa, así como un reto.

Es en esta segunda etapa que muchas personas se quedan estancadas durante una gran parte de sus vidas. Conforme la dura realidad de la vida los golpea una y otra vez, podrían quedarse estancados en un sentimiento, una sensación, una persona, una droga u otra adicción. Usan sus adicciones como un medio para escapar o hacerle frente a su situación en la vida.

Es en esta segunda etapa cuando tus hábitos tienden a ayudarte o a arruinarte.

En este punto debes desarrollar y dominar el arte de la autodisciplina. Debes aprender a controlar tus pensamientos, emociones y apetitos. En esta segunda etapa te enfrentas a los retos de la realidad de la supervivencia. Lo cual requiere mantener un techo sobre la cabeza y alimento en la mesa, para ti y tu familia, y todavía tener tiempo, energía y recursos para un crecimiento y desarrollo personal continuo.

Algunas personas se quedan estancadas en la rutina de la supervivencia diaria, donde los deseos y los momentos críticos se les presentan constantemente, desde la cuna hasta la tumba. Para poder atravesar de manera adecuada esta segunda etapa, debes dominar la destreza de la supervivencia.

El dominio de la supervivencia requiere que desarrolles e implementes un programa financiero en el que tus ingresos excedan a tus gastos. Todos tus tratos financieros deben estar de acuerdo con un presupuesto realista preestablecido. Debes desarrollar disciplina para vencer el impulso por el consumo o la gratificación inmediata. De manera sistemática, aparta una porción de tu ingreso para crear riqueza. Aprovecha los beneficios de la inversión y del interés compuesto para establecer un volumen de riqueza para tu tranquilidad mental y tu disfrute personal. Usa una porción de tu riqueza para ayudar a guardar fondos y capitalizar a tus hijos y su futuro. Invierte en proyectos que valgan la pena.

Los hombres tienen la tendencia a estancarse en los sentimientos generados por el sexo, el alcohol y las conquistas materiales.

Las mujeres se estancan en la búsqueda de amor y atención. La esencia de la segunda etapa de la vida, es la búsqueda de un sentimiento particular. Los retos de esta etapa están centrados en la autodisciplina y el dominio personal de tus deseos emocionales y físicos.

La tercera etapa de la vida es la etapa del Poder

Es en esta etapa que perfeccionas tu habilidad para hacer que las cosas sucedan. Desde un punto de vista cronológico, nos referimos de los 40 a los 60, o de los 50 a los 75 años de edad. Es en la tercera etapa de la vida que todo ocurrirá a la vez. Durante esta etapa, generalmente logras los triunfos más grandes y experimentas los mayores fracasos.

Luego de haber aprendido los fundamentos de la vida y dominado tus deseos y emociones, durante esta tercera etapa de la vida aprendes cómo llegar al centro de tu ser y extraer un poco más de cualquier cosa que se necesite. Aquí dominas las leyes del éxito y ayudas a otros a hacer lo mismo. Dominas la destreza de multiplicar tus habilidades mediante los esfuerzos de otros.

En esta tercera etapa, con frecuencia llega *la cuarta comprensión de la vida: que el universo es armónico, y que sólo existen dos fuerzas trabajando, las fuerzas del bien y las fuerzas del mal.* Por lo tanto, al ejercer tu poder de lograr que sucedan las cosas, lo que logres que suceda será para bien o será para mal.

El reto de esta tercera etapa es:

"...escoge este día a aquellos a quién servirás..."

(Josué 24:15)

Servirás al mal o al bien. Esta es tu opción.

La tercera etapa es aquella donde surge tu temple. Asimismo, es donde estás obligado a repetir lecciones que deberías haber dominado en etapas previas, pero que no lograste. Los retos a los que te enfrentas, y cómo los resuelves, ocasiona un ajuste de la realidad a lo que realmente tú eres interiormente. Es en esta etapa cuando estableces o aceptas en verdad el tipo de ser humano que te gustaría ser.

Existen cuatro tipos de personas en el mundo

1. **Los jugadores**   2. **Los observadores**

3. **Los interrogadores**   4. **Los vagabundos**

Si la vida fuera un juego de béisbol, **los jugadores** serían los equipos o los que participan en el campo de juego. Estos son los que se han sacrificado y han practicado hasta llegar a ser lo mejor que pueden ser. Por lo general, hacen lo que aman, y aman lo que hacen. Cosechan las recompensas de sus esfuerzos. Los jugadores usan sus habilidades para lograr que las cosas sucedan. Se introducen dentro de esa fuente de poder que han desarrollado para conseguir los resultados deseados. Los jugadores toman los riesgos y consiguen las recompensas.

**Si necesitan una jugada espectacular
para ganar el partido, hacen la jugada.**

Los observadores son los espectadores; están sentados en las bancas observando a otros participar en el juego de la vida. Observan a alguien más conseguir el dinero, el reconocimiento y la muchacha. Pueden o no ser jugadores en algún otro juego en la vida, pero respecto a este juego y a estos Jugadores, cualquiera que no esté en el terreno de juego, es un espectador.

Los verdaderos observadores son las personas que nunca tratan de esforzarse realmente en nada. Pueden estar soñando ser un jugador. Pero a las primeras señales de dificultad, reto o decepción, descartan sus sueños y se evaden del terreno de juego de la vida, jurando en silencio que nunca lo intentarán de nuevo. Estos imitadores de jugadores toman asiento en las bancas, con excusas y explicaciones cuidadosamente elaboradas para no participar en el juego. Los observadores, por lo general, son personas que tuvieron un sueño, pero no lucharon por él. Los observadores a menudo dicen: "Debería haber hecho esto, o podría haber hecho aquello, no obstante he tenido una buena vida".

Los interrogadores son las personas en el estacionamiento del estadio donde se está llevando a cabo el juego. Escuchan los sonidos de los jugadores y los espectadores, pero no son parte del juego. Saben que está ocurriendo algo, pero deben preguntar qué es, ya que no lo pueden ver. Los interrogadores conocen de segunda mano lo que está ocurriendo. Viven sus vidas respondiendo a un estímulo exterior y desarrollando los programas de otras personas. Con frecuencia ven el mundo en términos de "lo que habría, pudiera haber o debería haber sido".

Los vagabundos son las personas que están perdidas en el camino sucio que conduce al estacionamiento, afuera del juego de la vida. No tienen idea de lo que está sucediendo, y no tienen planes para averiguarlo. Los vagabundos son como polen en el viento. Vuelan de flor en flor, sin metas, planes o deseos de echar raíces. Regidos sólo por sus adicciones y sus apetitos, viven el momento y nada más.

La cuarta etapa de la vida es la etapa de la Inmortalidad

Sólo cuando has dominado por completo la etapa del poder, serás capaz de moverte con eficacia a la etapa de la inmortalidad. Esta cuarta etapa, por lo general, se encuentra entre los 60 y los 80 años, o entre los 75 y los 100 años de edad. En esta etapa valoras lo que quisiste lograr en tu vida, tu propósito.

Evalúas las donaciones y contribuciones que tienes que darle al mundo. ¿Qué puedes dar, y cómo puedes vivir para que esas contribuciones sobrevivan a tu existencia? Es en este punto de tu evolución en que debes volverte un visionario, y ver las cosas como pueden ser, en lugar de cómo parecen ser. Creas en ti mismo algo que se extiende más allá de las fronteras en una sóla vida; alcanzando y reuniendo las fuerzas y vibraciones que puedes poner en movimiento y dirigir en el presente, cultivando estas fuerzas y vibraciones poderosas para crear una presencia que continuará creciendo más allá de tu vida.

Tu visión de la inmortalidad no puede estar centrada en el yo, en los deseos personales o en el ego. Debe centrarse en los aspectos positivos del servicio y el beneficio a la humanidad. Debe dirigirse a una necesidad valiosa y positiva del mundo.

En esta cuarta etapa de la vida, podrías obsesionarte con la realización de tu visión de la inmortalidad. Esta obsesión se crea por un deseo profundo para manifestar tu visión, alimentado por una fe completa en el Creador y en tus propias habilidades. La dinámica de la obsesión estimula tus poderes físicos, mentales, espirituales y psíquicos a un nivel máximo. En consecuencia, te vuelves magnético, atrayendo a la gente y a los recursos necesarios para realizar tu visión. Serás invencible. No serás detenido, ni derrotado, no importa qué obstáculos aparezcan en tu sendero.

Comentarios y observaciones:

La edades mencionadas para cada etapa son un promedio para la mayoría de las personas. Sin embargo, existen ciertas personas a las que estos períodos no las pueden describir. Muchas grandes figuras de la historia han tenido segmentos de vida relativamente cortos. Un examen a fondo de sus vidas revela que probablemente experimentaron las cuatro etapas, pero a una velocidad muy acelerada.

Juana de Arco consiguió la inmortalidad en la época en que fue quemada en la hoguera, a la edad de 19 años. Alejandro el Grande, consiguió la inmortalidad a la edad de 32 años, al conquistar la gran mayoría del mundo conocido de aquel entonces. Martin Luther King, tocó la conciencia de la humanidad y obtuvo la inmortalidad antes de cumplir los 40 años.

Capítulo 2

LA LEY DEL PENSAMIENTO

La primera ley universal del éxito es la Ley del Pensamiento y la Manifestación

Los pensamientos se vuelven objetos de acuerdo a la naturaleza y sentimiento del pensamiento. En forma más personal, tus pensamientos se manifiestan en tu experiencia de vida, de acuerdo con las emociones y los sentimientos que asocias con esos pensamientos.

Una de las afirmaciones más simples de la Ley del Pensamiento es:

"Cómo (ellos) piensen en (su) corazón, así (serán)".

(Proverbios 23:7)

"Pensar en su corazón" se refiere a cómo se sienten interiormente acerca de esos pensamientos en particular.

Qué emociones y sentimientos están asociados con ellos. Se da una mayor explicación acerca de "en su corazón" en Mateo 6:21,

> *"Porque donde esté tu tesoro,*
> *ahí también estará tu corazón".*

Tu corazón es el centro de tus verdaderos sentimientos y emociones. Siempre se encuentra enfocado hacia las cosas que son importantes para ti, tu sistema de valores y cómo te sientes contigo mismo.

Por ejemplo, si tienes la idea de que la independencia financiera es uno de tus primeros objetivos en la vida, entonces la independencia financiera empezará a manifestarse en tu vida dentro de un período razonable de tiempo. Si esto no ocurre, entonces busca dentro de tus pensamientos íntimos. En tu interior puedes estar sintiendo, por cualquier razón, que no mereces la independencia financiera. Si no sientes, en tu corazón (en tu naturaleza sentimental básica acerca de ti mismo), que mereces las cosas, condiciones o circunstancias que describes en tus pensamientos, entonces estas no te ocurrirán; no se manifestarán en tu existencia en la vida.

La esencia de la Ley del Pensamiento y la Manifestación tiene dos aspectos básicos:

1. **Un aspecto racional,** la declaración del pensamiento mismo, la idea, las palabras.

2. **Un aspecto emocional,** los sentimientos y emociones personales asociados con el pensamiento.

"**Lo que admites** (en tu pensamiento) **energetizas** (en tus sentimientos y emociones)".

"**Lo que energetizas** (en tus sentimiento y emociones) Realizas (en tu experiencia de vida)".

(Reverendo Ike)

Las tres áreas principales que abarca la Ley del Pensamiento y la Manifestación son:

1. Pensamientos que tienes acerca de ti mismo, **tu autoimagen.**

2. Pensamientos que tienes acerca de otros, **tu actitud.**

3. Pensamientos que tienes acerca del mundo en general, **tu perspectiva de la vida.**

En esta sección trataremos únicamente con la autoimagen. Las otras áreas, la actitud y la perspectiva, se tratarán bajo la sección de la Ley de Radiación y Atracción.

AUTOIMAGEN

Como te ves a ti mismo con tus propios ojos, determina lo que obtienes de la vida. La autoimagen es tu propia concepción de ti mismo. Es el cuadro mental y emocional que mantienes en tu conciencia de quién eres, lo que eres y lo que representas. **Tu autoimagen es importante debido a que es el punto de partida de tus experiencias en la vida.** La imagen que mantienes de ti mismo es como el gran recipiente donde todas tus experiencias en la vida son vertidas y mezcladas.

Si tu autoimagen es una concepción de ti mismo limitada, pequeña, basada en la ignorancia, el miedo, la duda y la inseguridad, entonces todas tus experiencias serán filtradas a través de estas mismas emociones negativas.

Por otro lado, si tu autoimagen está basada en el conocimiento, el amor, la valentía, el respeto, la fe y la confianza, tus experiencias en la vida serán filtradas a través de estas mismas emociones positivas.

Tu autoimagen determina tu capacidad para dar, recibir e interactuar con las experiencias y posibilidades a las que te enfrentas en la vida. Tu autoimagen es como un imán, atrayendo o rechazando cualidades similares o diferentes en tu experiencia de la vida.

Atraes pensamientos, personas y experiencias que son congruentes con aquello que piensas y sientes acerca de ti mismo. Si deseas atraer la buena salud, la riqueza y la felicidad que deseas y con las que sueñas, entonces debes desarrollar una autoimagen que sea compatible con ello, y que apoye estos pensamientos precisos, llamados buena salud, riqueza y felicidad.

Un ejemplo excelente de cómo funciona la autoimagen es este:

Una pregunta que surge en cada solicitud de empleo es, ¿qué salario y beneficios estás buscando recibir? Muchos posibles empleadores le dan una gran importancia a cómo se responde esta pregunta. Subconscientemente, la mayoría de la gente responderá con una cifra que indica su propia valoración de lo que ofrecen en el puesto.

Una cifra por debajo de lo que vale la posición, con frecuencia sugiere que el solicitante tiene una valoración inferior de sus destrezas, y probablemente no sería un buen empleado.

Una cifra demasiado alta para el valor del puesto podría indicar una falta de conocimiento sobre el puesto en sí. Si te has preparado y conoces cuál debe ser la negociación, deberás poder establecer una cifra lo más alta posible dentro de lo que vale el puesto, además de entablar suficiente conversación casual para conseguir algo de atención. Sin embargo, déjame prevenirte. Ve preparado a responder la pregunta que te harán con toda seguridad, *"¿Por qué piensa que vale dos millones de pesos para esta compañía?"*.

Ten lista una respuesta lógica, inteligente, bien presentada, bien pensada y correctamente investigada. Es probable que consigas el puesto que va de acuerdo con tus condiciones, y con tu autoimagen.

Aquello que afecta tu autoimagen

Los aspectos más importantes de la autoimagen, por lo general se desarrollan en la primera etapa de la vida. Una vez que esta autoimagen queda establecida por completo, todas las etapas subsecuentes se construyen y se filtran a través de ella. De hecho, todos los cambios en la vida comienzan con tu autoimagen, y ocurren mediante cambios en los sentimientos, las emociones y las actitudes que esta representa.

Las tres cosas principales que afectan tu autoimagen son:

1. Pensamientos, emociones y sentimientos desarrollados en la etapa de educación de tu vida, en especial en tu infancia temprana, de la concepción hasta los 7 años.
2. Medio Ambiente.
3. Asociaciones.

Pensamientos, Emociones y Sentimientos

Durante los primeros siete años de vida, los niños desarrollan el sistema básico de valores que llevarán a través de la vida. Es durante este período de vida que el niño aprende y desarrolla emociones y sentimientos de miedo y recompensa, dolor y placer, amor y falta de amor, culpa, remordimiento y vergüenza, elogio y desaliento, curiosidad y desinterés, persistencia y desánimo, respeto y desprecio, decencia y rudeza, cortesía y descortesía, y una existencia de otras emociones y sentimientos positivos o negativos.

El niño pequeño es una esponja para los pensamientos, las emociones y sentimientos. Se enriquece y florece con la buena enseñanza, los buenos pensamientos, los buenos sentimientos y las emociones positivas. Pero no tiene ninguna defensa en contra de la mala enseñanza, los malos pensamientos, los sentimientos negativos y las emociones negativas. A esta corta edad, la habilidad del niño para discernir y desechar lo bueno de lo negativo, todavía no se ha desarrollado completamente. Todos los pensamientos, enseñanzas o experiencias a las que es expuesto un niño pequeño van directo al interior de sus mentes consciente y subconsciente, ocasionando un impacto permanente sobre la naturaleza emocional y sentimental del niño.

Este es el crisol en que se moldea el sistema de valores personal del niño. Desafortunadamente, el niño pequeño prácticamente no tiene ninguna defensa u opciones en esta experiencia educacional. No obstante, es sobre este cimiento emocional y sentimental que se construye el resto de su vida. Agradece si tuviste un cimiento bueno y positivo. Ponte a trabajar si no lo hubo.

"Entrena a un niño en el camino por el que irá,
y cuando sea grande, no se apartará de él".

(Proverbios 22:6)

Son estos sentimientos y emociones los que se asocian con tus pensamientos que tu autoimagen desarrolla. A menos que se cambien en años posteriores, estos sentimientos y emociones, desarrollados cuando se era niño, guían y, en gran medida, determinan tus experiencias en la vida.

Medio Ambiente

Tu medio ambiente es una influencia muy fuerte sobre tu autoimagen, debido a que ella es la fuente de validez y confirmación. Supón que tienes una imagen muy deficiente, y que vives y trabajas en un área muy deteriorada, en un sitio con mantenimiento deficiente, y en un medio ambiente en general negativo. ¿Qué otra cosa hará ese medio ambiente negativo sino confirmar tu autoimagen negativa?

Cuando estás expuesto a un medio ambiente en particular, y si permaneces en este por un cierto tiempo, tomas algunas de las características y propiedades de ese medio ambiente. Si tu autoimagen entra en contradicción y conflicto con las características y propiedades de tu medio ambiente, te enfrentarás a tres opciones:

1. Cambiar el medio ambiente.
2. Cambiar tu autoimagen.
3. Abandonar el medio ambiente.

Asociaciones

La asociación ocasiona una asimilación. John Lavater, un afamado teólogo suizo, captó hermosamente este pensamiento al decir:

*"La relación frecuente y la conexión íntima
entre dos personas, las hace tan parecidas,
que no sólo sus inclinaciones se moldean
parecidas en uno y en otro, sino que sus caras
y sus tonos de voz contraen una similitud".*

En primera instancia, deberías asociarte únicamente con aquellas personas que poseen las cualidades y características que complementan los aspectos positivos de tu autoimagen. Estas asociaciones positivas incrementarán enormemente tu propio desarrollo, y ayudarán a confirmar y establecer la visión, las emociones y sentimientos que tienes acerca de ti mismo.

Las cinco señales
de una autoimagen deficiente

Al efectuar cierto análisis personal de tu propia imagen, existen algunas claves o señales que debes observar:

1. Culpar a alguien más.

Al culpar a alguien más de tus propias circunstancias y situaciones, estás evitando responsabilizarte por lo que realmente te has hecho a ti mismo. Si no te responsabilizas de tu condición, no podrás cambiarla, ni podrás crecer al sobreponerte a ella.

*Tendrás que pasar una y otra vez por
aquello a lo que no puedas sobreponerte.*

2. Escapar de tus problemas.

¿Cómo respondes cuando te enfrentas a un problema o a un reto? Por lo general, puedes hacer una de cuatro acciones: Huir, Pelear, Olvidar o Enfrentarlo. Sólo cuando enfrentas los problema y los retos, y los consideras proyectos para realizarse, es que creces firmemente en fe y autoconfianza. Conforme tu fe y confianza crecen, mejora tu habilidad para manejar problemas y retos mayores.

3. Criticar a otras personas de manera constante.

¿Por qué criticas a otras personas de manera constante? ¿Tu crítica es constructiva y está motivada por un verdadero deseo, preocupación e interés por ayudar? ¿O está basada en envidia, celos y pensamientos de inferioridad? Si tu crítica no es positiva, ni está basada en el amor, el respeto y en un deseo sincero de ayudar y mejorar a otra persona, entonces no es una crítica constructiva y perjudica no sólo a la otra persona, sino también tu propia autoimagen.

4. Esperar que alguien más resuelva tus problemas y retos.

Cuando esperas que otra persona resuelva tus problemas y retos, neutralizas tus posibilidades de aprender y crecer a través de la experiencia. ¿Qué te evita el poder emprender la acción cuando un problema y reto se presenta? ¿Es el miedo al fracaso lo que no te permite hacer las acciones correctas? ¿O es el miedo al éxito que contradice cómo te sientes realmente contigo mismo? No importa que sea el miedo a fracasar o el miedo al éxito, ya que el resultado es el mismo, la indolencia, la inactividad y, por último, el fracaso.

5. Pretender que todo está bien.

Cuando pretendes que todo está bien, ignorando activamente tus problemas y tus retos, subconscientemente aceptas las consecuencias que con toda seguridad resultarán de tu falta de acción. Te engañas a ti mismo pensando que no hay necesidad para cambiar o mejorar, y desarrollas un sentido falso de complacencia. Eliminas prácticamente toda posibilidad para el crecimiento y el desarrollo personal. La naturaleza de los problemas y los retos es que si continúan sin resolverse, sólo empeorarán.

Problemas contra Proyectos

El primer paso al desarrollar una autoimagen que funcione eficazmente para obtener tus metas, es analizar tus experiencias pasadas y presentes. ¿En general fuiste exitoso? ¿O te diste por vencido y fracasaste? ¿Cómo manejaste tus éxitos y tus fracasos? ¿Qué hiciste cuando te enfrentaste a "problemas" serios? ¿Continuaste pasando por los mismos "problemas" una y otra vez? ¿Aprendiste la lección y continuaste?

Veamos nuestra terminología. La palabra "problema", como se comprende generalmente, tiene una connotación muy negativa, implicando situaciones invencibles, personas imposibles, adversidad y dificultades. Decir que algo es un "problema" crea tensión, tirantez y miedo, que no serían la solución.

Usar el término "proyecto" para describir cualquier cosa a lo que normalmente llamas un "problema", sugiere un esfuerzo positivo de pensamientos, sentimientos y acciones resultando en un efecto particular deseado. En resumen, los problemas pueden o no ser resueltos, mientras los proyectos por lo general se completan.

Una persona tiene una mejor actitud y una mejor perspectiva al emprender un proyecto que al resolver un problema.

Usar la palabra reto en lugar de problema, también da un giro más positivo a una confrontación inminente. Cuando te enfrentas a un reto, se crea un aura positiva para reunir a tus tropas y fuerzas para enfrentar a un oponente de importancia.

¿Pregunta?

Ya que gran parte de la autoimagen se desarrolla en la primera etapa de la vida, en especial durante los primeros siete años, ¿es posible durante la segunda etapa o incluso la tercera, cambiar la auto imagen en un grado considerable? ¿Puedes mejorar realmente tu autoimagen?

La respuesta se encuentra en la Segunda Ley Universal del Éxito. **Si puedes cambiar tu pensamiento, tanto en el nivel racional como el emocional, entonces puedes cambiar los resultados de tu experiencia en la vida.** Profundizaremos más en esto en el siguiente capítulo.

Si tienes una necesidad y un deseo sinceros de cambiar tu autoimagen, puedes hacerlo mediante la práctica deliberada, consistente y efectiva de las doce maneras para mejorar tu autoimagen.

Cómo mejorar tu autoimagen

Imagínate a ti mismo siendo un gran artista, capaz de crear una magnífica obra maestra de arte. Además de ser el creador, el artista, también eres la obra de arte creada, la obra maestra. Puedes re-crearte a ti mismo mediante el cambio de tu autoimagen al de la persona que realmente quieres ser, teniendo todo lo que quieres tener y haciendo todo lo que quieres hacer. No obstante, debo advertirte que no es fácil, y puede que no sea agradable.

Sin embargo, tampoco lo es ser una oruga, fea, atada a la tierra y dominada por el hambre. Pero si esa oruga puede sobrevivir una metamorfosis profunda, se convierte en una hermosa mariposa, libre para seguir el viento y volar hacia el sol.

Tienes una habilidad única para crear una experiencia de vida nueva al cambiar tu pensamiento acerca de ti mismo. Mediante llenar de manera constante tu mente con pensamientos y sentimientos de la autoimagen que deseas, puedes, a través de la aplicación persistente, crear esa precisa autoimagen en tu propia experiencia de vida.

Existen varias maneras de mejorar y desarrollar tu autoimagen. Esta se puede convertir en un poderoso imán, capaz de atraer a las personas correctas, las circunstancias correctas, la buena salud, la riqueza, la felicidad y cualquier otra cosa que puedas ver en el ojo de tu mente y sentir en tu corazón. A este proceso de crecimiento de quién eres y qué eres en este momento, hasta quién y qué quieres volverte, se le llama *¡¡¡La Obra!!!*

Las doce formas de mejorar tu autoimagen

1. Sé Honesto Contigo Mismo.

No te engañes a ti mismo. Engañarte a ti mismo es otra manera de pretender que todo está bien. Cuando no eres honesto contigo mismo, derrotas completamente tu deseo de mejoramiento y sepultas tu autoimagen potencial bajo capas de ilusión y engaño.

Eres como el jardinero que pretende que no hay maleza en el jardín mientras se dedica a plantar flores nuevas. Un día observa su plantío y se da cuenta que, a pesar de todos sus esfuerzos, la maleza ha consumido su jardín. Cuando no eres honesto contigo mismo, destruyes tus posibilidades de crecimiento y mejoría, y la maleza consumirá tu jardín.

2. Desarrolla tu imaginación.

Tu imaginación es el molde original para tu realidad futura. Este es el primer paso en el proceso creativo.

"Donde no hay visión, la gente perece;
pero (aquellos) que sostienen la ley, felices (son)".

(Proverbios 29:18)

¿Qué es "la ley" mencionada en la escritura? Es la Ley del Pensamiento y la Manifestación.

Si puedes pensarlo, puedes hacerlo.
Si puedes visualizarlo,
puedes convertirte en ello.

Mediante tu imaginación, nada es imposible. Desarrolla tu imaginación leyendo material estimulante. Involúcrate con personas estimulantes y exitosas, que puedan expandir tu reino de experiencia. Medita a diario y dedícate a actividades artísticas. Ve más posibilidades en cada experiencia y en cada relación.

Una vez que tu visión, tus pensamientos acerca de ti mismo y del mundo, estén fincados con firmeza en tu imaginación, no dejarán de realizarse.

Cuando tu imaginación dirige,
tu realidad la sigue.

3. Sé capaz de relajarte.

La relajación es la clave para la reducción del estrés, y para la regeneración física y mental. A través de la relajación puedes comunicarte con tu mente subconsciente y aprovechar el agua de ese pozo de sabiduría universal, conocimiento, energía y comprensión. Si no tienes la habilidad de relajarte con regularidad, con el tiempo puedes convertirte en la víctima del estrés acumulado. Este estrés acumulado puede disminuir tu nivel de energía, impedir tu juicio y causar enfermedades físicas reales. El cansancio simple puede desviar tus esfuerzos y cambiar los resultados que experimentas en tus actividades.

4. Ten ese sentimiento ganador.

El sentimiento ganador es una fuerte actitud positiva de triunfo. Se refleja en la forma en que caminas, hablas y actúas. Cuando tienes ese sentimiento ganador, la gente lo nota y le atraes. Se vuelven más dispuestas a ayudarte y apoyarte en tu camino al éxito.

Todos aman a un ganador.

5. Cultiva los buenos hábitos.

Los hábitos son acciones o patrones de comportamiento que se vuelven automáticos con el tiempo mediante la repetición frecuente y la constancia. Los buenos hábitos son aquellos que inducen ciclos positivos de salud, descanso apropiado, alimentación balanceada, ejercicio regular y pensamientos correctos. Al desarrollar buenos hábitos, estableces una relación armónica con todo lo que es bueno para ti.

Siembra un acto y cosecharás un hábito; siembra un hábito y cosecharás un carácter; siembra un carácter y cosecharás un destino.

"Las cadenas del hábito generalmente son
demasiado pequeñas para sentirse,
hasta que son demasiado fuertes para romperse".

(Johnson).

Cuando quitas todas las demás excusas y explicaciones que tienes en este momento, cualquier cosa que ocurra en tu vida, positiva o negativa, es un resultado directo de tus hábitos.

Nosotros hacemos nuestros hábitos, y entonces nuestros hábitos nos hacen a nosotros.

6. Dirígete a ser feliz.

Cada día ten un gran sentido de esperanza. Espera que cada día esté lleno de felicidad. Experimenta cada día desde una perspectiva de felicidad. Enfócate en los aspectos positivos y buenos de cada momento. Lo que enfoques, con fe, sucederá. Cuando enfrentas cada día con un gran sentido de anticipación y esperanza, quedas magnetizado para el objetivo de tus expectativas.

Espera felicidad y serás feliz.

7. Desenmascárate.

Una máscara es un rasgo de personalidad que creas y proyectas al mundo. Su propósito es ocultar al verdadero ser que eres. Las máscaras son símbolos de inseguridad y duda en uno mismo. Con frecuencia son el resultado de las expectativas de otra persona hacia ti. Cuando usas una máscara para crear una fachada que le agrade a otra persona, por lo general es con el costo de suprimir a tu verdadero tú.

Remueve la máscara de las expectativas de otro y deja de engañarte a ti mismo. Mientras la máscara permanezca, no podrás llegar a las circunstancias subyacentes que causaron que la crearas, ni podrás llegar a esa parte de ti mismo que necesitas para cambiar y mejorar tu autoimagen. En el momento en que remueves la máscara, sientes como si te hubieras quitado un gran peso de encima. Por primera vez en mucho tiempo, puedes ver a la persona detrás de la máscara y comenzar La Obra de descubrirte a ti mismo.

8. Ten compasión.

Debes ser sensitivo a las necesidades de otros y estar dispuesto a dar ayuda. Conforme progresas en tu jornada hacia el éxito, debes adquirir una mayor sensibilidad y una mayor responsabilidad por la situaciones difíciles y los aprietos de otras personas. Esta sensibilidad humana te coloca en armonía con tu Creador, y eleva tu calidad como ser.

De acuerdo al Génesis 1:28, tenemos el dominio sobre todos los seres vivientes sobre la Tierra. Este dominio divino implica que es nuestro deber ser sensibles y responder a las necesidades de otros seres. Esto no sólo se aplica a los seres humanos, sino a todo lo que existe sobre la Tierra. Por lo tanto, debes tener compasión y ser sensible por todas las dificultades y necesidades de todos los seres vivientes, personas, animales, plantas y por el medio ambiente.

9. Madura de tus errores.

Nadie ha tenido éxito sin haber cometido alguna vez errores. Si estás cometiendo errores, al menos sabes que estás tratando. Los errores son lecciones de sabiduría en la vida. A menudo, aprendes más de tus errores y fracasos que de tus éxitos. Tú determinas lo que funciona en una situación en particular al aprender lo que no funciona, intentándolo de nueva cuenta. Alguien que nunca ha cometido un error, probablemente nunca ha hecho un descubrimiento.

Mediante el análisis y las acciones correctivas, permite que tus errores se vuelvan las señalizaciones que muestran el camino en tu jornada para mejorar tu vida.

Nada derrota al fracaso como el éxito.

10. Reconoce tus debilidades.

Cualquier debilidad o defecto que no se reconoce no puede ser vencido. El rehusarte a reconocer tus debilidades causa racionalización y decepción, y por lo tanto perpetúa esa misma condición.

11. Sé Tú mismo.

La personas que pretenden ser alguien o algo más que ellos mismos, nunca descubren quienes son en realidad. Cuando intentas ser otra persona, te separas de tu yo verdadero. Mientras estás separado de tu yo verdadero, tus energías se diluyen y tu magnetismo personal disminuye enormemente. Cuando realmente eres tú mismo, estás en armonía contigo mismo, con las otras personas y con el mundo a tu alrededor.

12. Nunca dejes de crecer.

La vida es una orquestación constante de crecimiento a través de la adversidad y el reto. En el momento en que rechaces el principio de crecimiento de la vida, aceptas el principio estático de la muerte. La única manera de lograr la buena salud, la riqueza, la felicidad y la prosperidad que pretendes y deseas, es aumentar estos atributos y cualidades. Para mantenerlos debes continuar creciendo en conocimiento, comprensión y conciencia.

Mejorar y desarrollar tu autoimagen en el instrumento más eficaz y positivo, es el primer y mejor paso que puedes dar para construir a tu nuevo tú. Será encima de tu nueva autoimagen que se construirán los cimientos para la mansión de tus sueños. Si estos cimientos están basados en la duda, el miedo y la negatividad, tu mansión no podrá sostenerse. Pero si está construida sobre la verdad, el coraje, la compasión, la autoconfianza y la fe, tu mansión se sostendrá en una base sólida, y permanecerá por siempre.

Capítulo 3

LA LEY
DE CAMBIO

La segunda ley universal de éxito es la Ley de Cambio

"Y no se conformen con este mundo, sino transfórmense renovando su mente..."

(Romanos 2:12)

"No se conformen con este mundo..." significa que no estás limitado a cualesquiera circunstancias, situaciones, asociaciones, retos, etc., que existan en tu vida en este momento.

"...sino transfórmense renovando su mente..." significa que puedes ser cambiado o transformado en tu condición presente mediante colocar un pensamiento nuevo, un estado de conciencia nuevo, en tu mente. En otras palabras, **puedes cambiar tu vida de lo que es en este momento**

(este mundo), a cualquier cosa que quieras que esta sea, mediante el cambio de tu pensamiento o tu punto de referencia acerca de ti mismo.

Al unir la Primera y Segunda Leyes Universales del Éxito, la primera ley dice que tu experiencia de vida depende de tu forma de pensar. La segunda ley establece que la vida que estás experimentando en este momento, puede ser cambiada mediante el cambio de tu forma de pensar.

Algunas personas parecen ser exitosas en cualquier cosa que hacen. No parece importar qué partido político está a cargo o cómo está la economía global porque mantienen su pensamiento en los aspectos positivos de los resultados que desean alcanzar; y obtienen esos resultados sin importar lo que suceda.

Esta Ley de Cambio tiene tres aspectos fundamentales: fe, elección y deseo

El primer aspecto de cambio es la fe

Fe se define como una firme creencia o confianza en algo o alguien, por la que, generalmente, no existe una prueba objetiva. Es una creencia de la que se han removido todas las dudas. La definición bíblica de fe la hace muy clara:

"Ahora bien, la fe es la expectativa segura de cosas que se esperan, la evidencia de cosas no vistas".

(Hebreos 11:1)

Con el fin de traer un cambio en tu vida, debes tener fe en que tal cambio es posible. No importa lo negativa que sea la situación, lo absolutamente abrumadora que pueda parecer, si tienes fe en que las cosas serán mejores, y que hay algo mejor para ti en esta vida, entonces has dado el primer paso para encontrar esto. Si tienes dudas de que tu vida cambiará para mejorar, entonces tienes razón, no cambiará. Debes saber, creer y tener total fe en que eres la Creación de Dios (Conciencia de Dios), dotado con ciertos derechos inalienables a estar saludable, feliz y totalmente realizado.

El segundo aspecto de la Ley de Cambio es la elección

"Elige en este día a quién servirás..."

(Josué 24:15)

Cada oportunidad, cada reto que experimentamos, nos enfrenta con una elección. Elegimos ya sea un enfoque positivo (flores,) o un enfoque negativo (maleza.) Aún si no hacemos ninguna elección afirmativa en lo absoluto, la "mente mundial" elige un enfoque que en este ciclo, generalmente es negativo.

Con el propósito de cambiar tu vida para mejorarla, debes identificar con certeza y definir específicamente lo que significa para ti una vida mejor. Además, debes elegir seguir esta mejor vida que ya has definido, haciendo los cambios en tu forma de pensar y actuar, lo que hará que esto ocurra. Un ejemplo de este principio se encuentra en la parábola del hijo pródigo, Lucas 15:11-32.

Resumiendo de manera sencilla la parábola: el más joven de los hijos de un hombre rico le pidió a su padre la parte de tierra que le correspondía. Su padre le dio su parte y el hombre joven salió al mundo y despilfarró su fortuna. Una vez en la quiebra, los tiempos se volvieron muy difíciles; sufrió y padeció hambre. En la desesperación, finalmente obtuvo un trabajo alimentando a los cerdos de otra persona. Aún teniendo un trabajo, sufría y padecía al grado en que estaba pensando seriamente comer el alimento que los cerdos no querían. Había llegado al fondo sin ningún plan para escapar y nadie le ofrecía ayuda para sacarlo de sus apuros. Entonces en el versículo 17, dice:

"¡Y cuando se observó a sí mismo, dijo,
cuántos de los sirvientes contratados por mi padre
tienen pan suficiente y de sobra,
y yo estoy muriendo de hambre!".

El hijo pródigo renovó su mente, y tuvo nuevos pensamientos sobre sí mismo. Pensó que estaba en el chiquero de la vida, sufriendo hambre, aunque fuese el hijo de un padre rico. Entonces hizo una elección: elegir servir a su padre (positivo) en lugar de servir al dueño del chiquero (negativo.)

El versículo 18 afirma:

"Me levantaré, e iré con mi padre...
Y le rogaré por cualquier tipo de trabajo".

Entonces emprendió la acción intentando realizar su elección. Versículo 20: *"Y se levantó y se dirigió a su padre...".* Imploró por un trabajo, pero su padre no prestaría atención a esto. Su padre trató al hijo pródigo como lo que era realmente, el hijo de un padre poderoso que estaba perdido desde hacía mucho tiempo, no como a un sirviente.

Debido a que el hijo pródigo había escogido regresar a casa y servir a su padre, su padre lo recibía con gran placer. Era su hijo, *"que estaba muerto y ahora estaba vivo de nuevo"*. Si el hijo pródigo hubiese hecho una elección distinta, el resultado habría sido diferente.

El tercer aspecto de la Ley de Cambio es desear

El ingrediente clave para el cambio es el deseo, el deseo vehemente. A menos que exista un hambre profunda, es decir, un deseo vehemente por los cambios que desees tengan lugar en la vida, estos cambios no ocurrirán.

Érase una vez, en un lugar no muy lejano, un estudiante diligente que preguntaba a su maestro acerca de lo que era un deseo vehemente. El maestro llevó al entusiasta estudiante al océano, caminaron dentro del agua hasta que esta le llegaba cerca de la altura de su pecho. Entonces tomó la cabeza de su estudiante y la sumergió en el agua cerca de un minuto. Cuando el estudiante empezó a luchar, buscando aire, el maestro continuó sosteniéndolo bajo el agua hasta que el cuerpo del estudiante se puso flácido. Entonces, segundos antes de ahogar al estudiante, el maestro sacó su cabeza del agua mientras aquel boqueaba para obtener el aire que le permitiría vivir.

Entonces el maestro le dijo, "debes desear cambiar tu vida tan intensamente como quisiste tomar ese primer respiro. Eso es un deseo vehemente".

Si tu vida no es la forma de vida que quieres tener, entonces **debes saber que tú puedes actuar mejor.** Elige una opción positiva que te dé fuerza para actuar mejor.

Desea tanto este cambio en tu vida, que nada ni nadie pueda detenerte para lograrlo. Y este ocurrirá. Tendrás esa mejor vida que andas buscando.

Si es así de sencillo, ¿por qué, no hay más gente exitosa en el mundo? ¿Qué es lo que detiene a la gente de hacer en su vida los cambios que saben deben hacer, con el fin de ser la persona que quieren ser y experimentar esa mejor vida que están buscando?

"Tú puedes ser lo que quieras ser,
hacer lo que quieras hacer,
y tener lo que quieras tener".

(Dr. Frederick Eikerenkoetter)

Obstáculos para el cambio

¿El principal obstáculo para el cambio es el miedo?

¿Qué es el miedo? (Del Inglés FEAR)

(F) Falsa (E) Evidencia (A) Aparentemente (R) Real.

Los tres miedos principales que detienen a la gente para realizar cambios que son necesarios en el mejoramiento de sus vidas son:

1. El miedo al cambio.

2. El miedo a la crítica.

3. El miedo al fracaso.

Algunas personas temen al miedo en sí mismo. Pueden decir que quieren cambiar ciertos aspectos de su vida pero, al mismo tiempo, están haciendo todo lo posible para conservar la situación exactamente como está en ese momento.

Este miedo al cambio, algunas veces se manifiesta como miedo a lo desconocido. Uno de los riesgos de ser exitoso, pero estar insatisfecho, es que es fácil volverse complaciente y quedar satisfecho con lo que se ha logrado. Cuando esto sucede, te vuelves temeroso de hacer cambios porque no estás seguro de cómo funcionarán. Vences el miedo al cambio cuando tienes una fe completa en que puedes realizar los resultados deseados en tu nueva vida. Debes saber que Dios Padre es acaudalado y poderoso, y está ansioso de donarte todas las cosas buenas.

El miedo a la crítica te quita la iniciativa y destruye tu imaginación. Esto es fatal para tus logros personales y promueve el desarrollo de un complejo de inferioridad. Cuando temes la crítica de otros, tu deseo por el cambio se neutraliza y permaneces estancado en la misma condición que quieres cambiar.

Para vencer este obstáculo del miedo a la crítica, debes darte cuenta de que no toda crítica es dañina. Evalúa la fuente de la crítica. ¿Proviene de alguien que ha logrado lo que intentas alcanzar, o es exitoso de alguna otra forma y ha tenido éxito en su empeño? ¿O bien, la crítica proviene de alguien que no es exitoso en cualquier cosa que intenta? ¿La crítica es motivada por un verdadero interés y preocupación, o es motivada por celos y sentimientos de inferioridad?

Cuando la crítica es constructiva y proviene de alguien que respetas, pon atención a lo que dice, e inteligentemente analiza lo que afirma. Haz los ajustes necesarios y continúa haciendo los cambios deseados en tu vida. Si la crítica proviene de alguien que no respetas, hazla a un lado y continúa con tu programa.

Si buscas en los registros de la historia, nunca encontrarás una estatua erigida a un crítico. Las estatuas son erigidas a los realizadores, aquellos que se encargan de manera victoriosa del reto del cambio y perseveran para crear grandes cambios en el mundo.

Vence el miedo a la crítica rehusándote a preocuparte acerca de lo que otra gente piensa, dice o hace. Cuando la gente te critica, puedes estar seguro de que estás haciendo algo bien. Los que están calificados para hacer una crítica constructiva encontrarán la forma de hacerla de manera que te sientas fortalecido.

El miedo al fracaso te previene de hacer el intento. El miedo al fracaso con frecuencia se manifiesta como el hábito de la indolencia. De esta forma, puedes hablar de que deseas una vida mejor, y conocer en tu mente los cambios que son necesarios para que esta vida mejor exista. Pero parece que nunca comenzarás a hacer esos cambios. A veces es demasiado tarde, demasiado pronto, o simplemente no es el momento adecuado para iniciarlos. El miedo al fracaso te hace encontrar excusas razonables para no intentarlo, y excusas comprensibles para abandonar el intento, a menudo sólo a un paso de la victoria.

Para vencer el miedo al fracaso, date cuenta que fracasar significa que aún lo estás intentando. El fracaso es simplemente un ensayo del éxito.

Cualquiera que no ha fracasado en algo,
probablemente tampoco ha tenido éxito en nada.

Tu actitud hacia el fracaso determina tu aptitud para el éxito

Un ejemplo excelente de la actitud de una persona al fracaso se puede encontrar en la vida de Thomas Edison. Poco antes de inventar el foco, Thomas Edison fue entrevistado por un joven reportero. El reportero le preguntó al señor Edison por qué no se había rendido ante esta idea del foco, si había fallado en más de 3,000 intentos para hacer que el foco funcionara. El señor Edison miró al reportero y dijo: "¿Fallado? Nunca he fallado. Lo que he hecho es encontrar con éxito 3,000 formas en que no funcionará".

Reconoce que puedes cambiar tu condición al cambiar tu forma de pensar acerca de ti mismo, acerca de tu condición y acerca de la gente con quien te asocias. La clave para experimentar una vida mejor se encuentra en tu habilidad para describir total y completamente la escena ideal de la vida que deseas experimentar, así como de la persona en la que te gustaría convertirte.

Capítulo 4

LA LEY
DE VISIÓN

La tercera ley universal de éxito es la Ley de Visión

"En donde no hay visión, la gente perece; pero (los) que guardan la ley, felices viven".

(Proverbios 29:28)

En aquello que no tienes visión de hacia donde quieres ir en tu vida, serás miserable y fracasarás en alcanzar una vida mejor. Tu visión de la vida que te gustaría experimentar debe estar en tu mente clara como el cristal. Ve esa visión con gran detalle. Haz tuya esa visión mediante los sentidos. Conoce como se ve, se siente, huele, suena y sabe. Por medio de expresar completamente tu visión mediante los sentidos, tu naturaleza sensorial, la energetizas y la armonizas con la fuerza universal que hace que se realice en tu vida.

La ley referida en la segunda línea de este escrito, es la primera ley universal del éxito, la Ley del Pensamiento y Manifestación.

Lo que aceptas (tu visión), **energetizas** (a través de tus sentimientos).

Lo que energetizas (mediante tus sentimientos,) **lo realizas** (en tu experiencia en la vida).

La ley universal de Visión, tiene dos aspectos: La especificación y la imaginación

El primer aspecto de la visión es la especificación.

"Y el Señor respondió...
Escribe la visión y ponla claramente sobre tablas
para que puedan leerla con fluidez".
"Porque la visión aún es para el tiempo señalado,
pero al final hablará y no mentirá,
porque a pesar de que tardará, espera por ella porque
seguramente llegará, no se atrasará".

(Habacuc 2:2,3)

Debes ser específico acerca de tu visión. Escríbela clara y detalladamente, de tal forma que puedas ejecutar tu plan para llevarla a cabo. Ten fe y ten en cuenta que tu visión se realizará en el momento adecuado. Con certeza ocurrirá, si tan solo no te rindes.

El aspecto de la especificación se expresa más ampliamente mediante tus metas.

Es mas fácil dar en un blanco que ves,
que en uno que no puedes ver.

METAS

Una meta es la línea o lugar en la que acaba una carrera o viaje. Las metas son los puentes que te conducen hacia tu visión de quién eres, de lo que eres, y de cualquier cosa que quieras lograr. Tu puedes hacer una meta de cualquier cosa que desees alcanzar. Una vez que hayas definido específicamente tu visión de ti mismo y tu vida mejorada, deberías establecer metas como los pasos específicos que te llevarán a la realización de tu visión.

Las metas proporcionan excelentes oportunidades para construir tu autoconfianza. Cuando tú mismo te realizas con respecto a una de tus metas en particular, mediante lograrla, validas tus propias habilidades e incrementas tu propia autoconfianza. Al mismo tiempo, crece tu autoconfianza, así como tu habilidad para enfrentar metas más difíciles.

Desarrolla el hábito de estar bien orientado en las metas. Mientras vas logrando tus metas, creces y progresas hacia la visión de la vida que quieres para ti. En donde no hay metas, sistemáticamente alcanzadas, tu visión de una vida mejor no pude ser ejecutada.

Tipos de Metas

Básicamente hay tres tipos de metas: Inmediatas, intermedias y a largo plazo

Metas inmediatas: Las metas que son cercanas, próximas o que siguen en el orden. Estas metas representan tareas u objetivos que pueden ser alcanzados rápidamente, sin mayor problema, esfuerzo y planeación. En cuanto a tiempo, las metas inmediatas pueden ser alcanzadas más o menos en un día o dentro de un período de unos tres meses (1 a 90 días). Hay tres niveles de metas inmediatas: Nivel I - (1 a 30 días); Nivel II - (30 a 60 días); Nivel III - (60 a 90 días).

Metas intermedias: De alcance medio, están entre las metas inmediatas y las metas a largo plazo. Las metas intermedias, con frecuencia requieren de pasos múltiples y una planeación considerable para su completación. Usualmente se requiere la completación de una serie de metas inmediatas para alcanzar una meta intermedia. Las metas intermedias requieren una dirección de tu vida más continua y consistente. Éstas pueden completarse de 90 días a dos años. Hay tres niveles de metas intermedias: Nivel IV - (90 días a 6 meses); Nivel V - (6 meses a un año); Nivel VI - (1 a 3 años).

Metas a largo plazo: Estas metas toman en consideración el futuro. Con frecuencia están relacionadas con tu trabajo en la vida, tu carrera y tus objetivos profesionales. Las metas a largo plazo requieren de una planeación extensa, preparativos y ejecución. Estas son compatibles con tu vida, visión y propósito y les dan apoyo. Tus metas a largo plazo se construyen con los logros uniformes y contínuos de tus metas inmediatas y de alcance medio. Estas metas pueden requerir de tres años a una vida para su realización y logro. Hay tres niveles de metas a largo plazo: Nivel VII - (3 a 5 años); Nivel VIII - (5 a 10 años); y Nivel IX - (10 años a una vida).

Gráficamente, la relación entre los tres tipos de metas se puede ver a continuación:

Meta Inmediata # 1 *
Meta Inmediata # 2 * * * Meta Intermedia # 1 *
Meta Inmediata # 3 *

               * * * Meta a Largo Plazo # 1
                                    *

Meta Inmediata # 4 *
Meta Inmediata # 5 * * * Meta Intermedia # 2 * *
Meta Inmediata # 6 *

EL PRIMER PASO

El primer paso para realizar la visión que has hecho de ti mismo es escribirla claramente y en gran detalle. Entonces, determina los pasos que te llevarán a lograrla. Haz de estos pasos tus metas. Escribe, tan concisamente como sea posible, cada meta que debe ser lograda, en orden de importancia y prioridad. Encuentra lo que quieres, tu visión y los pasos específicos que te llevarán hasta ahí. Las metas son pasos gigantes hacia el logro de tu visión.

Eligiendo tus Metas

Elige las metas que te conducirán a tu visión, de acuerdo a tu estilo de vida, las cosas para las que eres bueno y las cosas que disfrutas hacer. Cada meta debería tener ciertas características importantes que te brinden la mejor oportunidad para alcanzarla.

Seis características
que cada Meta debe tener

1. Debe estar escrita, comprometida y compartida.

Escribir tus metas te ayuda a cristalizar exactamente lo que quieres alcanzar. Escribe cada meta en una o dos oraciones. Si te toma una página completa escribir la meta, es posible que no seas capaz de alcanzarla. Un enunciado de una meta, simple, conciso, corto, es más fácil de recordar, de pensar y de llevar a la práctica.

Una vez que has escrito el enunciado de tu meta, léelo en voz alta por lo menos tres veces al día. Piensa en él constantemente. Debes estar comprometido en alcanzar cada meta. Haz un compromiso contigo mismo de que nada ni nadie te detendrá para alcanzar tu meta. Proporciona el tiempo, esfuerzo, pericia, recursos y cualquier otra cosa necesaria para alcanzar tu meta.

Comparte tu meta con alguien especial que comprende y cree en lo que estás haciendo. Aléjate de cualquiera que te desanime o te critique. Con mucha frecuencia miembros de tu propia familia, y personas cercanas a ti, son las peores elecciones para comunicar tus metas. Asegúrate de que la gente con la que compartes tus metas no estará celosa o sentirá envidia. Ellas mismas deberían tener metas importantes por alcanzar y estar bastante avanzadas en su camino por alcanzarlas. Recuerda que el propósito de compartir tus metas es establecer la responsabilidad y obtener cooperación, ayuda y apoyo moral. Otra perspectiva que ofrezca conocimiento, apoyo moral, y crítica constructiva, también será de ayuda.

2. Debe ser realista y alcanzable.

Una de las formas más fáciles de prepararte para fracasar, es seleccionar metas inadecuadas. Ninguna meta es imposible, pero en un momento dado puede ser poco real en tu estado de desarrollo actual. Asegúrate que las metas sean realistas y alcanzables, basadas en lo que tienes en la actualidad.

3. Debe ser flexible y reflejar el cambio.

Tu meta es una declaración y una proyección de tu visión. Sin embargo, mientras comienzas a perseguir tu meta, pueden aparecer condiciones externas y circunstancias que están más allá de tu control. Potencialmente estas cosas pueden ser un obstáculo en la obtención de tus metas. Cuando esta interferencia ocurre, no te desanimes o abandones tu meta o tu forma de tratar de alcanzarla. Esto neutralizará la condición o circunstancia que está bloqueando tu camino.

4. Debe ser concreta y medible.

Tu meta debe ser definida y específica. Defínela claramente en términos de tus sentidos: Cómo se ve, se siente, huele, sabe y suena. Ve tu meta desde el punto de vista de su tamaño, color, ubicación, movimiento o cualquier otra característica que pueda ser percibida por los sentidos.

Si tu meta no está definida de manera concreta y clara, probablemente no serás capaz de alcanzarla. **Tu meta es el resultado deseado, resultante de tus esfuerzos organizados.** Cuando el resultado deseado (tu meta), no es claro, entonces la energía y las actividades necesarias para producir ese resultado no pueden ser concentradas o dirigidas de manera efectiva.

Tu meta debe ser medible para determinar sus dimensiones. Cuando una meta es medible, tienes un estándar mediante el cual puedes estimar y alcanzar su terminación. Si no es medible, es extremadamente difícil determinar cuándo la alcanzarás, cuánto más tienes que continuar, o cuánta energía necesitará. Tener una meta que no es medible, es como ir de viaje en auto a un destino indeterminado. Manejas y manejas, pero nunca llegas a ningún lugar.

5. Debe estar extendida para cubrir ciertos períodos de tiempo.

Debes establecer un período definido para alcanzar tu meta. Un período definido te da un estándar, a través del cual medir y regular tu ejecución.

Ten cuidado especial al establecer un tiempo adecuado para el logro de tus metas. Este período debe ser real, considerando tu nivel de destreza en particular, el tiempo y los recursos que tienes disponibles, las presiones de tiempo de la meta en sí misma, y registros fijos de logros pasados alcanzados por ti y otros.

Al establecer el factor tiempo en tus metas, proporcionas un medio para examinar tu funcionamiento y proyectar la terminación. Si basado en el control de tu propio funcionamiento, el tiempo proyectado para la terminación no es razonable y aceptable, puedes incrementar tus esfuerzos, modificar tu itinerario o alterar la meta de acuerdo a esto.

6. Debe estar establecida de antemano.

Tu meta es un destino, el resultado deseado de tus esfuerzos. Si no se establece de antemano, entonces no puedes hacer planes, ni llevar a cabo los pasos efectivos para obtenerlos.

Cuando estableces metas de antemano, le das orientación específica a tu vida, y das concentración a tus energías y pensamientos.

Categorías de Metas

Básicamente hay dos categorías de metas: metas con continuidad, y metas en oposición

Las metas con continuidad son una extensión lógica de tu condición actual o situación, distinguida por un mejoramiento razonable.

Un ejemplo de metas con continuidad sería: tras la graduación del bachillerato decides volverte un cirujano. Las metas que te podrían llevar a tu visión de convertirte en un cirujano podrían ser:

Meta # 1 - Ser aceptado en la Universidad de tu elección.

Meta # 2 - Ser aceptado en la facultad de medicina de tu elección.

Meta # 3 - Graduarte exitosamente de la facultad de medicina con el promedio más sobresaliente de la clase.

Meta # 4 - Ser aceptado en el programa de residencia en el hospital de tu elección.

Meta # 5 - Completar exitosamente las asignaciones
            médicas con las mejores calificaciones.
Meta # 6 - Asegurar una posición con el mejor
            cirujano en el hospital de tu elección.

Cada una de esta metas es una extensión razonable y lógica de la meta anterior.

Las metas en oposición son metas que representan un cambio completo de tu condición o situación actual. Pueden representar un cambio abrupto en la dirección de tu vida. Un ejemplo de una meta en oposición sería: Después de fumar un paquete de cigarrillos diariamente durante los últimos 20 años, hoy decides dejar de fumar de inmediato. La meta establecida para dejar de fumar inmediatamente, es una meta en oposición porque representa un cambio completo de lo que has estado haciendo durante los últimos 20 años.

Las metas en oposición, generalmente son más difíciles de alcanzar que las metas de continuidad.

Conforme comienzas a desarrollar tus metas a largo plazo, se desarrolla una imagen más amplia que abarca estas metas y las une como el fundamento de tu propio propósito en la vida.

PROPÓSITO

Tu propósito es lo que quieres que represente tu vida. Generalmente se descubre a través de tus metas a largo plazo. Tu propósito proporciona orientación y dirección para la caminata a través de la vida. Es tu razón para vivir. Al igual que el compás de un barco, el propósito te guía cuando todo ha fallado. Nadie puede elegir el propósito por ti. Solo tú puedes determinarlo.

Tu propósito se identifica con la calidad de tu vida. No es cuánto tiempo vives, si no lo que haces. Realmente lo que cuenta no es la duración de tu vida, si no lo que aportas a la vida. Muchos de los relativamente grandes triunfadores de la historia, tienen vidas más o menos cortas.

Debes estar obsesionado con tu propósito. Comerlo, dormirlo, respirarlo, pensarlo y actuar con él cada momento de cada día.

Vive tu Vida, de tal forma
que el uso de tu vida,
sobreviva a tu vida.

Cómo desarrollar tu propósito

Hazte a ti mismo las siguientes preguntas:

1. *¿Soy la persona que realmente quiero ser?*

2. *¿Estoy llevando una vida significativa?*

3. *¿Qué estoy haciendo para tener una vida significativa?*

4. *¿Qué estoy haciendo para hacer que mis sueños y mis visualizaciones se vuelvan realidad?*

5. *¿Qué contribución importante tengo que hacer al mundo?*

6. *¿Qué quiero hacer con mi vida?*

Cuando respondas a estas preguntas, sé honesto contigo mismo. No te engañes. Date tu tiempo y cuidadosamente analiza las preguntas y tus respuestas. Una vez que puedas articular las respuestas a estas preguntas, desarrolla de inmediato un plan de acción para implementar tus respuestas.

Date cuenta que al hacer las preguntas anteriores, e implementar tus respuestas, estás desarrollando un modelo y un ritmo para tu vida. El modelo para tu vida, abarca el período finito de tiempo desde la concepción hasta la muerte, pero el ritmo de tu vida abarca toda la eternidad.

Los ritmos de vida

Los ritmos básicos de vida son los ritmos de paz, salud, belleza, felicidad, acción creativa y abundancia. Cuando sobrepones tu modelo de vida a estos ritmos universales, extiendes tu esencia e influencia más allá de las fronteras de tu período de vida. Te vuelves una de esas grandes figuras de la vida, las cuales cambian el curso de la historia, mejoran la condición de toda la humanidad y traen paz, verdad, sabiduría y comprensiones más profundas al mundo.

Tu vida se vuelve una contribución para toda la humanidad.

Estableciendo tu propósito

Un propósito claramente definido proyecta tu vida hacia la eternidad. Una vez que has identificado tu propósito, puedes establecer una dirección para tu vida. Según te esmeras para lograr tu propósito, te armonizas con los ritmos de vida que forman tu destino.

Siete guías para establecer tu propósito

1. Debe ser idealista.

Siempre esmérate por lograr lo más elevado y lo mejor en todas las cosas. Ve todo como puede o como debería ser, en lugar de como está. Usa tu imaginación como una guía para establecer tu propósito.

2. Debe ser visionario.

Observa más allá del horizonte. Aprende a percibir, recuerda, acepta y confía en tus sueños. No te desanimes si otros piensan que tu propósito es imposible, impráctico o que no es realista. Las visiones son percepciones de estados más altos de conciencia. Los pensamientos visionarios representan la antesala de tu futura realidad. Tu mandato especial es crear la realidad de tus pensamientos mediante tus visiones.

3. Debe durar toda tu vida.

Tu propósito en la vida rara vez cambia, si es que lo hace. Sin embargo, tu percepción de él puede cambiar dependiendo de tu nivel de conciencia. Tu propósito es el trabajo de tu vida, según lo percibes momento a momento. Se puede extender más allá de los límites de tu vida. De hecho, la realización de tu propósito podría no ocurrir sino hasta mucho después de que has dejado de existir en forma física.

4. Debe beneficiar a todos.

La realización contínua de tu propósito va más allá del deseo personal de tu ego. Un propósito centrado en uno mismo, para el beneficio de uno mismo, no es un propósito en lo absoluto. Es una meta personal. Así que, una vez que tu propósito ha ido más allá de ti mismo y de tu ego, necesariamente involucrará más gente. Este involucramiento debe ser positivo y benéfico para todos.

5. Debe ser un reto.

Tu propósito debería lograr estirarte para lograr tu más alto potencial. Debería ser un reto constante a tu fe y a tus habilidades. Tu fe se fortalece, ya que tus esfuerzos producen resultados positivos. Al mismo tiempo que tu fe crece, también lo hace tu habilidad para confrontar y tener éxito ante retos mucho mayores.

6. Debe encender el fuego de tu apasionamiento.

Cuando tu propósito te apasiona, te obsesionas con su realización inmediata y contínua. A cada momento de tu vida, piensas en él, hablas de él y actúas en él. El origen del fuego de tu propósito es tu profundo deseo. Este profundo deseo te ocasiona que utilices cada elemento del poder y la energía que posees para la realización de tu propósito. Un deseo profundo y una fe unidos, crean un entusiasmo dinámico. *El entusiasmo dinámico es el fuego ardiente que estimula tus poderes mentales, físicos y psíquicos hasta el punto en donde se vuelven contagiosos e invencibles.*

7. Debe ser valioso.

Tu propósito debe satisfacer una necesidad positiva en el mundo. Un propósito valioso atrae las fuerzas del Universo para ayudarte y asistirte en su contínua realización.

Una vez que identifiques y articules tu propósito, escríbelo. Esta es tu afirmación para ti y para el mundo hacia adonde te diriges con tu vida. Con esta afirmación breve y concisa de tu propósito, puedes determinar lo que debe hacerse para su realización. Entonces puedes establecer las metas que te guiarán hacia tu propósito y hacer los planes para alcanzarlas.

IMAGINACIÓN

El segundo aspecto de la Ley de Visión es la Imaginación. Este es tu poder de formar imágenes mentales de algo no presente a tus sentidos. Albert Einstein dijo una vez: *"La imaginación es más importante que el conocimiento. Porque el conocimiento es limitado, mientras que la imaginación abarca el mundo en su totalidad, simulando el progreso, dando nacimiento a la evolución".*

Tu imaginación es el enlace entre tu conciencia humana y la conciencia universal. A través de la imaginación, la energía sin forma de la mente universal, se transforma en tu mente en un universo formado, y por lo tanto, en tu experiencia en la vida.

Tu poder de imaginación se usa para ver más allá de las apariencias de tu situación actual, hacia las posibilidades de lo que realmente eres y de lo que te puedes convertir.

Según haces todo lo que puedes para realizar la visión que tienes de ti mismo, debes apelar también a tu conciencia superior para aumentar así tu nivel de energía. Esto requiere que asciendas tú mismo a un estado (alfa) más descansado de paz y formes imágenes visuales en tu mente para todos y cada uno de los aspectos de tu visión. Date cuenta que tu mente está abierta y receptiva a todas las ideas benéficas. Relájate y déjate ir, ordenándole a la mente universal revelar todas las buenas ideas que ayudarán a implementar tu visión.

Después de un poco de práctica, tus ideas empezarán a fluir libremente desde la mente superconsciente hacia tu mente consciente. Aprende a grabar estas ideas de una forma sistemática y a implementarlas en tu práctica diaria.

**Cualquier cosa que tu mente puede concebir
y creer, se puede lograr.**

Hay dos tipos de imaginación:

1. Imaginación sintética.
2. Imaginación creativa.

Imaginación sintética

A través de la imaginación sintética, se arreglan en nuevas combinaciones los conceptos, ideas y planes existentes. Este tipo de imaginación opera a través de la educación y la observación. Un genio usa la imaginación sintética para crear algo totalmente nuevo.

Imaginación creativa

Tu mente tiene comunicación y contacto directos con la inteligencia universal. La imaginación creativa es la facultad a través de la cual llegan las corazonadas y la inspiración. Se comunica a través de las mentes subconscientes de otras personas, y opera como un sexto sentido. Aunque opera de manera automática, la inteligencia creativa es más productiva cuando tu mente consciente e inconsciente están en armonía.

La imaginación creativa puede compensar tu falta de experiencia. Te puede ayudar a sobrepasar a otra persona que tiene más experiencia, pero imaginación poco creativa.

Como desarrollar tu imaginación creativa

1. Estimula tu mente a través de la lectura.
2. Practica tus habilidades mentales.
3. Ten claras en tu mente las metas que quieres alcanzar y los propósitos que quieres realizar.
4. Desarrolla tus poderes de concentración.
5. Controla siempre tus estados de ánimo y tus emociones.

Tres pasos para incrementar tu creatividad

1. Cree que se puede hacer.
2. Elimina de tu vocabulario y forma de pensar la palabra imposible.
3. Siempre sé receptivo a ideas nuevas. No sólo escuches ideas nuevas, más bien escúchalas resueltamente.

Aplicación práctica de la imaginación creativa

1. Establece un tiempo y lugar específicos para practicar la imaginación creativa. Este lugar debe conducir al pensamiento y la reflexión.
2. Desarrolla el hábito de usar tu mente para nuevas ideas.
3. Piensa en nuevas dimensiones expandidas más allá de lo que estás acostumbrado a pensar.
4. Participa en actividades y ejercicios que te hagan expandir como persona.
5. Desarrolla tus emociones e instintos inquisitivos hacia una imaginación vivida.

Cuatro formas para desarrollar tu imaginación

1. Desarrolla el Valor.
2. Vence la Duda.
3. Alcanza los Resultados Deseados.
4. Estimula a Otros.

Cuatro formas de desarrollar tu creatividad

1. Date cuenta que tu genio creativo no proviene de tus cinco sentidos, sino más bien de tu "sexto sentido", tu mente subconsciente.
2. Date cuenta que tu sexto sentido puede inspirar, a través de tu imaginación, a tus cinco sentidos a sumergirse en (la experiencia) una realidad imaginada (un pensamiento creativo).

3. Date cuenta que toda tu creatividad viene de tu mente subconsciente.

4. Manténte firme y sé positivo. Tu imaginación creativa te puede servir mientras seas positivo.

SUEÑOS

1. **Desarrolla tu habilidad para soñar positivamente.**
Tanto tus sueños de día como tus sueños de noche, pueden ser utilizados en forma positiva para ayudarte a darte cuenta de tus metas y visiones.

2. **Ve tus sueños como una representación de lo que quieres lograr.**

3. **Si meditas acerca de lo que quieres en la vida, empezarás a soñar acerca de ello.**

4. **Si fantaseas acerca de lo que quieres, en las noches empezarás a soñar acerca de ello.**

5. **Fantasear es constructivo.**
Desarrolla el fantasear concentrándote en las cosas que quieres en la vida, tus obsesiones. Cuando sueñas en forma constante y contínua acerca de lo que quieres obtener en la vida, esto se vuelve una realidad. Realmente empieza a suceder.

6. **Fantasea y medita por lo menos diez minutos por día.**

7. **Fantasear es un medio de comunicación con la inteligencia universal.**

8. **Tu emoción hacia lo maravilloso te permitirá ver más allá del ahora, hacia lo emocionante y hacia el descubrimiento de más belleza y más cosas en el futuro.**
   Tu emoción hacia lo maravilloso proviene de fantasear acerca de una obsesión tuya en particular.

9. **Siempre imagínate a ti mismo en el círculo de los ganadores.**

10. **A través de la imaginación puedes incrementar tu habilidad para concentrarte en tu obsesión.**
    A través de la meditación, la fantasía y tu propia actitud positiva, puedes atraer gente para tu causa.

11. **Tus sueños se pueden volver una realidad si tienes una obsesión con una actitud positiva.**

Capítulo 5

LA LEY DE MANDO

La cuarta ley universal del éxito es la Ley de Mando

Esta ley se menciona en numerosos pasajes en toda la Biblia.

"Deberás decretar algo y esto deberá ser establecido para ellos..."

(Job 22:28)

"(una persona) debería tener cualquier cosa que haya dicho".

✦ (San Marcos 11:23)

"... ordéname".

(Isaías 45:11)

Una de las claves más importantes para el éxito, es tu habilidad para usar la Ley de Mando para obtener lo que quieres en la vida. Al aplicar esta ley, puedes estimular las fuerzas cósmicas universales que hacen que los deseos y los sueños se manifiesten en la realidad.

La Ley de Mando se aplica en toda la Biblia. Por ejemplo, de acuerdo al primer capítulo del Génesis al mundo se le dijo o se le ordenó que existiera,

"Y Dios dijo, hágase la luz: y la luz se hizo".
"Y Dios dijo, hágase el firmamento...; y así se hizo".
"Y Dios dijo, háganse las aguas bajo los cielos...;
y se hicieron".

Con mucha frecuencia la ley universal de Mando se expresa como la Ley de la Afirmación

Afirmar significa declarar o establecer de manera positiva; hacer una declaración, declarar confiadamente algo como verdad. Una afirmación es el enunciado en el que declaras que un resultado deseado es verdad, que es un hecho. Aplicando la Ley de Mando: Tú decretas algo (tu afirmación,) y esto (el resultado deseado) se establecerá en ti (sucederá, se manifestará en tu vida).

Por ejemplo, si deseas eliminar los retos financieros de tu vida, el primer paso es cambiar tu forma de pensar acerca de tu condición financiera. Este proceso de renovación de pensamiento puede iniciarse mediante afirmar una y otra vez con intención:

"¡Tengo seguridad financiera!".

Afirmar u ordenar seguridad financiera como si ya la hubieras logrado, condiciona tu pensamiento y estimula tu sentimiento. Esto prepara el escenario para manifestar el mismo resultado que estás afirmando.

Esta manifestación del resultado que deseas no proviene de repetir al azar tu afirmación cuando la recuerdas o sientes que te apetece. nicamente será mediante repetir tu afirmación durante un cierto tiempo, dos o tres veces por día, todos los días a lo largo de un número suficiente de días, y así podrás hacer tuya esta afirmación en la naturaleza de tus sentimientos. Un vez que el resultado deseado que expresaste en tu afirmación se ha absorbido completamente en la naturaleza de tus sentimientos, se manifestará en tu vida.

El principal obstáculo para utilizar de manera exitosa la afirmación con el fin de causar cambios en tu vida es la duda. ¿Funcionan? ¿Funcionarán para mí? Jesús fue muy claro en la relación entre la orden o afirmación, y la duda, diciendo en San Marcos 11:23:

> *"En verdad les digo, que*
> *aquellos que le digan a esta montaña,*
> *muévete y échate al mar,*
> *sin ninguna duda en (sus) corazones,*
> *sino creyendo que lo que dicen ocurrirá,*
> *(ellos) tendrán cualquier cosa que digan".*

Si usas una afirmación de manera constante, y tienes una fe total de que mereces y eres capaz de obtener el resultado deseado, entonces lo tendrás.

La ley de Mando opera positiva o negativamente. Si afirmas un resultado negativo, con sentimiento, también obtendrás eso. Muchas experiencias de fracaso e infelicidad pueden ser rastreadas a la operación de afirmaciones negativas u órdenes negativas. Estas afirmaciones negativas usualmente son puestas en operación de manera inconsciente mediante declaraciones simples, expresando resultados negativos.

Por ejemplo, afirmaciones negativas como "no puedo hacerlo", "yo sé que esto no funcionará para mí", o "siempre tengo resfriado cuando cambia el clima", se convierten en profecías autocumplidas. Las afirmaciones negativas tienden a originarse en tu naturaleza sentimental, en cómo te sientes acerca de ti mismo. Estos sentimientos negativos acerca de ti mismo tienden a centrar subconscientemente tus pensamientos en el resultado negativo, expresado en la afirmación negativa. Estos resultados negativos se manifiestan en las experiencias de tu vida como fracaso, falta de salud, limitación o mala salud.

El aspecto más devastador de las afirmaciones negativas, es que usualmente son expresadas en un nivel subconsciente. Las palabras descuidadas y las declaraciones inofensivas, en apariencia, especialmente aquellas que confirman los sentimiento negativos que tienes acerca de ti mismo, pueden convertirse en afirmaciones negativas que se establecen en tu pensamiento, y se manifiestan en tu vida. Isaías 55:11 dice:

> *"Así será mi palabra*
> *que sale de mi boca,*
> *no volverá a mí sin resultados,*
> *sino que hará aquello que me complace..."*

Así que las afirmaciones negativas que hiciste tuyas, basadas en sentimientos negativos acerca de ti mismo, se vuelven bloques con los que tropiezas en tu progreso, y producen un corto circuito en la manifestación de tu visión, acerca de una vida mejor y más satisfactoria.

Doce afirmaciones mediante las cuales vivir

1. *Tengo una autoimagen positiva.*

2. *Creo en mí mismo y en mis habilidades.*

3. *Defino mi propósito y razón de vivir.*

4. *Pienso positivamente, con comprensión y fe en que puedo realizar mi propósito.*

5. *Visualizo de manera constante mi propósito, viéndolo claramente con los ojos de mi mente.*

6. *Siempre me concentro en lo positivo.*

7. *Tengo la confianza y el coraje para guiarme en mi interior.*

8. *Tomo posesión de mi mente con tal fuerza o grado, que mis emociones, mis instintos y mi cuerpo están bajo mi control.*

9. Siempre actúo en el presente. Lo hago ahora.

10. Tengo un plan para mi éxito.

*11. Persisto en mis esfuerzos con una fe
imperturbable en mis propias habilidades.*

*12. Ejecuto mi plan y produzco los resultados
deseados.*

Ejercicio

Escribe cada afirmación en una tarjeta de 8 por 12 centímetros. Haz este ejercicio cada mañana cuando te levantes, y antes de ir a la cama todas las noches. Párate frente a tu espejo, enfoca tus ojos en tu tercer ojo (tu tercer ojo es una conexión espiritual con la fuerza universal. Está localizado ligeramente arriba, a unos dos centímetros más o menos, de la línea imaginaria que conecta tus ojos en el centro de tu frente).

Repite cada afirmación cinco veces, con sentimiento. Toma una afirmación en la que necesitas trabajar. Cierra tus ojos y visualiza exactamente cómo sería tu vida si ya poseyeras la cualidad o atributo descrito en tu afirmación.

Lleva las tarjetas contigo durante los siguientes 21 días. Sácalas y repite tus afirmaciones con sentimiento, hazlo tan frecuentemente como sea posible durante cada día. Cuando leas tus afirmaciones más de dos o tres veces cada día, asegúrate de agregar un énfasis y un sentimiento especial a la afirmación específica en la que necesitas trabajar.

Mientras más consistentemente uses estas afirmaciones, y cualquier otra que puedas crear con sentimiento, más pronto obtendrás los resultados deseados.

Afirmación diaria

"Hoy es el día más estupendo de mi vida. Tengo gran abundancia de salud, riqueza, felicidad, amor, éxito, prosperidad y dinero".

Usa esta afirmación diariamente, cada mañana, para ayudarte a saltar de la cama con una actitud positiva y con expectativas positivas para el día.

Programando tu vida

El uso diario de afirmaciones con sentimiento, puede iniciar el proceso de cambio requerido para producir la persona que quieres ser y los resultados que deseas experimentar.

" Voy a emprender este día con una actitud ganadora".

"Voy a emprender este día con una actitud de éxito".

"Voy a emprender este día con una actitud para hacer dinero".

Capítulo 6

LA LEY DEL MAGNETISMO HUMANO

La quinta ley universal del éxito es la Ley del Magnetismo Humano

A veces se le llama la Ley de la Radiación y la Atracción. Esta ley se menciona en Gálatas 6:7.

"...porque cualquier cosa que (una persona) siembre, eso también cosechará".

Una declaración simple de la quinta ley sería:

El semejante atrae al semejante.

La ley básica del magnetismo humano es que atraes lo que eres, y eres lo que piensas la mayoría del tiempo.

Cada uno de nosotros es un magneto humano, atrayendo o repeliendo semejanzas o diferencias, pensamientos, sentimientos y asociaciones en nuestras experiencias de la vida. Esta ley de la radiación o la atracción revela uno de los principios fundamentales de la vida: que la vida es vivida de adentro hacia afuera. Cualquiera que sea tu visión ideal de la experiencia de vida que deseas, esta se manifestará únicamente cuando sientas, en tus sentimientos más profundos, que eres merecedor de esta visión. Este resultado deseado tiene su mayor impacto cuando está en armonía con tu propósito.

"El sentimiento consigue las bendiciones".

(Rev. Ike)

ACTITUD

Tu actitud es una forma de radiación humana que le da a las otras personas una percepción y una comprensión de quién eres, lo que eres y hacia dónde te diriges. Esta es una manera de sentir, actuar y pensar que muestra tu disposición, opinión y personalidad. Este instrumento de comunicación es una proyección de tus pensamientos y sentimientos en el mundo a cada momento. El mundo te responde basado en aquello que exteriorizas. Tu actitud es un instrumento poderoso que puede ser usado eficazmente para atraer a la gente, las cosas y las circunstancias deseadas a tus experiencias en la vida.

Los dos componentes primarios de la actitud son la proyección y la percepción. Tu autoimagen se comunica o se proyecta a las otras personas mediante tu actitud. Esta comunicación que proyectas, la perciben otras personas, y ellas responden de acuerdo a ella. Si deseas que otras personas sean amigables, amables y generosas contigo, entonces debes proyectar exactamente esas cualidades en tu actitud hacia ellos. Para usar tu actitud de una manera más eficaz, debes aceptar estos dos componentes, y procurar hacer que la proyección y la percepción de tu autoimagen sea una y la misma.

La comunicación que proyectas a través de tu actitud tiene dos partes: Los pensamientos y las imágenes que proyectas y los sentimientos que tienes interiormente acerca de estos pensamientos e imágenes, los cuales también proyectas. Cuando interactúas con otra persona a través de tu actitud, esa persona recibe ambas partes de tu comunicación. Sin embargo, por lo general perciben y responden a la parte sentimental, no importa lo que la parte pensante esté diciendo.

Por ejemplo, conoces a un nuevo socio de negocios que desea impresionarte. Comienza a compartir sus ideas y sus objetivos, los cuales se oyen fabulosos. No obstante, por alguna razón tienes un presentimiento de que esta persona no es todo lo que dice ser. Reaccionas de acuerdo a esto, investigando con preguntas, buscando inconsistencias. En este caso, las ideas proyectadas por el nuevo socio no fueron consistentes con los sentimientos que percibiste. Y reaccionaste de acuerdo con esto. Posteriormente, por lo común, encontrarás que tu presentimiento era correcto.

Cuando la actitud proyectada y percibida son una y la misma, te conviertes en un magneto, atrayendo a las personas y situaciones que te beneficiarán. Si ese mismo nuevo socio hubiese tenido un sentimiento interno diferente acerca de los pensamientos proyectados, entonces hubieras respondido de manera diferente. Si hubieras sentido únicamente sinceridad, honestidad y un profundo sentido de compromiso radiando desde este nuevo socio, conforme compartían los mismos pensamientos y objetivos, hubieras sido el primero en ofrecerle tu apoyo y en ayudarlo de cualquier forma.

Si sientes que la mayoría de las personas parecen malinterpretar tus intenciones y tu persona la mayoría de las veces, esto podría ser resultado de una contradicción entre los pensamientos y los sentimientos que proyectas mediante tu actitud.

No existe una fórmula simple para una actitud de proyección-recepción. La manera en que los demás responden a tu actitud, es una combinación de lo que estás proyectando en pensamientos y sentimientos, y el estado mental de la otra persona, la que percibe.

Algunas veces, puede haber un malentendido entre lo que crees que estás proyectando a través de tu actitud, y lo que otras personas están percibiendo. Esto conduce a una pregunta que las personas se hacen con frecuencia: "¿Cómo me pueden tratar así, con lo bien que me había comportado con ellos?".

Cuando esto ocurre, observa tanto los pensamientos y los sentimientos que estás proyectando, como el estado mental o el nivel de conciencia de la persona con la que estás tratando. Quizá estés arrojando perlas a los cerdos. O a lo mejor, eres tú quien necesita un ajuste de actitud.

Sabiendo que tu actitud es una proyección de los pensamientos y sentimientos de tu autoimagen hacia el mundo, examina tus pensamientos internos (tu mente consciente) y tus sentimientos internos (tu mente subconsciente). Si tus pensamientos y sentimientos internos no están en armonía unos con otros, existirá una tensión interna que se reflejará en tu actitud.

Por ejemplo, supongamos que tus pensamientos internos están dirigidos a imágenes positivas de buena salud, felicidad, prosperidad y amor, y que tus pensamientos internos están concentrados en la ignorancia, el miedo y la duda, aprendidos cuando eras más joven. Los resultados que obtendrás estarán de acuerdo con tus sentimientos, no de acuerdo con tus pensamientos. Esto verdaderamente conduce a la tensión y la frustración.

Lo que sientes es más poderoso que lo que piensas.

Cuando tus pensamientos internos están en armonía con tus sentimientos internos, tu autoimagen está intacta. Esta autoimagen armónica, se proyecta a las otras personas a través de tu actitud, con resultados positivos asombrosos.

La naturaleza de la actitud es comunicación efectiva para el desarrollo mutuo y el crecimiento continuo. Te das cuenta del valor de la percepción de otra persona acerca de tu actitud, en base a su respuesta. Cuando su respuesta está en armonía con tu actitud proyectada, has establecido el fundamento para una comunicación armónica con esa persona, y finalmente, también con toda la humanidad.

Venciendo el miedo

Tu actitud es como un gran círculo. Hay una mitad positiva y una mitad negativa. Los 180 grados del lado positivo representan una actitud positiva, un pensador positivo. Los 180 grados del lado negativo representan una actitud negativa, un pensador negativo. La diferencia entre el pensador positivo y el pensador negativo, siempre se encuentra en los sentimientos que cada uno tiene hacia sí mismo. Los pensamientos del pensador negativo están concentrados en la ignorancia, el miedo y la duda. Los sentimientos del pensador positivo están concentrados en el conocimiento y la comprensión, la valentía y la fe.

El pensador negativo está motivado por seis miedos básicos:

1. Miedo a la pobreza.

Este es el miedo a la pérdida de los objetos tangibles que has adquirido; el miedo de irte a la quiebra. Las personas que le temen a la pobreza, atesoran dinero y posesiones materiales. Con frecuencia son avaros y tacaños, aunque bien pueden poseer grandes riquezas. El miedo a la pobreza te mantendrá en una bancarrota de conciencia, a pesar de todo lo que puedas tener en tu cuenta bancaria. Este miedo destruye la ambición, la iniciativa, el entusiasmo, la persistencia y la autodisciplina. El miedo a la pobreza invita todo el tiempo al fracaso.

2. Miedo a la crítica.

Este miedo te despoja de tu iniciativa y destruye tu poder de imaginación. Por lo general es fatal para tu triunfo personal. El miedo a la crítica puede inducir complejos de inferioridad, y, prácticamente paralizarte. Te hace tímido, inseguro y lento para efectuar decisiones o expresar opiniones. El miedo a la crítica te hará un imitador en lugar de un innovador.

3. Miedo a una mala salud.

El miedo a una mala salud proviene del conocimiento y los sentimientos negativos acerca de la enfermedad. Esto te ocasiona que te preocupes con los síntomas de las enfermedades y la dolencias. El hábito de estar hablando y pensando constantemente de las enfermedades y la mala salud, a menudo crea los síntomas de la enfermedad en tu vida. Las decepciones en los negocios y en el amor ocasionan que el miedo a la mala salud aumente y se magnifique.

4. Miedo a perder el amor.

Es probable que este miedo sea uno de los más fuertes de todos los miedos básicos. El miedo a perder el amor de alguien ocasiona que te vuelvas suspicaz con todos. De inmediato encontrarás fallas en amigos y seres queridos, a menudo, sin causa alguna. Este miedo alienta la idea de que el amor puede ser comprado. Las personas que temen perder el amor, con frecuencia dan regalos a la provocación más ligera. También tienen la tendencia a recordarte todo lo bueno que han hecho, o que piensan que han hecho para ti.

5. Miedo a la vejez.

El miedo a la vejez, en gran medida, proviene de una imagen negativa que tenemos como sociedad acerca de los retos de la vejez. Este miedo a menudo se manifiesta como un miedo a estar solo y a no poder cuidar de uno mismo. A veces el miedo a la pobreza se enmascara como un miedo a la vejez. En este caso, crees que conforme envejeces, estás en un peligro mayor de perder tus posesiones mundanas. El miedo a la vejez causa que constantemente hables acerca de otras personas ancianas, acerca de lo bien o lo mal que se ven a causa de su edad. El miedo a la vejez hará que constantemente te estés disculpando por tu edad. Esto te llevará a tratar de vestirte, actuar y verte como una persona más joven. Las personas que le temen a la vejez, a menudo tratan de relacionarse con personas más jóvenes.

6. Miedo a la muerte.

El miedo a la muerte proviene de concentrarse en morir en lugar del vivir. Con frecuencia proviene de la indolencia, la falta de propósito y la falta de ocupación. Las personas que le temen a la muerte, generalmente son aquellas que han desperdiciado sus vidas en asuntos frívolos e improductivos. Este miedo también proviene de una sensación de insatisfacción en aquellos que vivieron sus vidas sin ningún objetivo. El miedo a la pobreza algunas veces se manifiesta como el miedo a la muerte. En este caso, sientes que tu muerte infligirá pobreza y penurias a tu familia y a tus seres queridos.

Estos seis miedos básicos, y sus infames primos, la indecisión y la duda, se introducen en el mismo corazón de tu naturaleza sentimental. Cuando estos miedos te mantienen como rehén, neutralizan cada pensamiento o visión ideal que tengas en tu mente consciente. Los resultados que experimentes estarán en armonía con estos miedos. En tanto estos miedos controlen tu naturaleza sentimental, tu actitud no podrá ser positiva. Será contraproducente al tratar de realizar tu visión ideal. La ley de radiación y atracción funcionarán en tu contra.

El primer paso al ajustar tu actitud, es darte cuenta que **todos los miedos son simples estados mentales.** Y como tú puedes controlar tu mente, puedes vencer estos miedos al cambiar tus pensamientos.

Elimina el miedo a la pobreza rehusándote a aceptar cualquier condición que te conduzca a la pobreza. Refina tu habilidad para manejar el dinero. Domina el dinero y las posesiones para que puedan trabajar para ti; intenta neutralizar con confianza este miedo a la pobreza. Aprende a aceptar con gozo la riqueza que adquieres, dándote cuenta que esta riqueza sólo es un símbolo de tu pensamiento, y la recompensa a tus esfuerzos.

Borra el miedo a la crítica rehusándote a preocuparte acerca de lo que otras personas piensan, dicen o hacen. Debes saber que estás haciendo lo mejor que puedes, y que siempre consigues lo mejor.

Vence el miedo a una mala salud olvidando los síntomas de la enfermedad y reemplazándolos con pensamientos acerca de la buena salud.

No tengas miedo de perder el amor, porque el amor no se puede perder. El amor es un flujo infinito de sentimientos, que busca un equilibrio entre el que da y el que recibe.

Date cuenta que la vejez es una gran bendición que desarrolla sabiduría, comprensión y disciplina.

Libérate del miedo a la muerte reconociendo que la muerte sólo es otra transformación en el ciclo de la vida, no un final.

La otra emoción negativa que puede afectar de manera adversa tu actitud, es la preocupación.

Preocupación

La preocupación es un estado mental que provoca ansiedad, tensión e intranquilidad. Actúa lenta pero persistentemente, destruyendo tu iniciativa, autoconfianza y facultad de razonamiento.

La preocupación es una forma de miedo continuo, causada por la indecisión o la incertidumbre respecto al resultado de una situación, suceso o circunstancia en particular. Es una fuerza real muy negativa que consume y destruye a todo aquel que cae bajo su influencia. La preocupación afecta la circulación, el corazón, las glándulas y todo el sistema nervioso. Son más las personas que mueren de preocupación que de exceso de trabajo.

Cuando tu mente está saturada con miedo y preocupación, se transmite una vibración negativa. Esta vibración pasa, a través de tu actitud, a las mentes de todos aquellos que experimentan tu presencia. Para eliminar la preocupación, debes cambiar tu actitud hacia su causa.

Eliminando la preocupación

El primer paso, y el más importante para eliminar la preocupación, es eliminar el hábito de la preocupación haciendo una decisión general de que **nada en la vida vale el precio de la preocupación.** Esta decisión general simboliza, en tu mente, un compromiso a no rendirte ante los tormentos de la preocupación, sin importar qué pueda ocurrir.

El segundo paso es cambiar tu actitud hacia la situación o condición causante de tu preocupación. Cambia tu actitud modificando tu pensamiento y tus sentimientos acerca de lo que te está causando la preocupación. Reemplaza los pensamientos y sentimientos negativos de indecisión, miedo y duda con pensamientos positivos y sentimientos basados en la comprensión, la fe y el coraje.

El tercer paso para eliminar la preocupación, es practicar la fórmula de siete pasos que sigue a continuación, para eliminar la preocupación de tu vida.

La fórmula de siete pasos para eliminar la preocupación

1. Date cuenta que la mayoría de las cosas que te preocupan no sucederán.
Montaigne, el ensayista francés, lo expresó de esta manera, "Mi vida ha estado llena con infortunios terribles, la mayoría de los cuales, nunca sucedieron".

2. Determina cuál es el peor resultado posible de la situación por la que te estás preocupando.
Una vez que conozcas lo peor que puede suceder, podrás enfrentarlo.

3. Decide aceptar lo peor, si llegara a ocurrir.

4. Procede a mejorar a partir de lo peor, concentrándote en los aspectos positivos de la situación.
Puedes penetrar a través de las visiones y apariencias creadas por el miedo, hasta llegar a la verdad revelada por el entendimiento y la confianza en uno mismo. Muy a menudo, lo que parece ser un monstruo invencible de negatividad, en una inspección más profunda, se convierte en un cobarde cuya única fuente de fuerza es la oscuridad y el miedo.

5. Revisa tus experiencias en la vida, en especial aquellas que te funcionaron en el pasado.
Concéntrate en las lecciones que has aprendido que pueden ser de utilidad para resolver la situación actual. Busca situaciones en las que venciste algunos obstáculos, o llevaste a cabo una tarea importante. Cada éxito construye tu fe en ti mismo y en tus habilidades.

DONDE PREVALECE LA FE,
LA PREOCUPACION SE DESVANECE.

6. Practica viviendo un día a la vez.
Vive en secciones de un solo día. Olvida los fracasos de ayer y las posibilidades de éxito de mañana. Concéntrate en hacer todo lo que puedas hoy, para hacer del mañana lo que deseas que sea.

7. No cruces el puente hasta que estés ahí.
Cuida el presente, el mañana se cuidará sólo.
No desperdicies tus energías tratando con situaciones
que pudieran surgir en el futuro. El tener buen
cuidado del presente, con frecuencia resolverá
o solucionará automáticamente, situaciones futuras
potenciales.

Entusiasmo

El entusiasmo es una de las posesiones más importantes.
Es un estado mental contagioso que te consigue la coope-
ración de otras personas, atrayéndolas a tu forma de pensar
y de actuar. Cuando estás entusiasmado con lo que quieres
lograr, las personas lo notan y te abren el camino. De hecho,
el mundo le abre el camino a aquellos que saben lo que
quieren.

De acuerdo al diccionario, entusiasmo significa: "estar
inspirado; poseído por Dios; interés intenso o anhelante;
fervor". Proviene de las raíces griegas *en/theos*, que signi-
fican Dios adentro. En épocas antiguas, el entusiasmo
estaba asociado con la inspiración o la posesión sobrena-
tural. Este aspecto sobrenatural fue el resultado de la
naturaleza contagiosa del entusiasmo para atraer la aten-
ción y la cooperación de los demás.

El entusiasmo opera como una fuerza invisible y pode-
rosa de magnetismo humano, atrayendo o repeliendo lo que
deseas en tu experiencia de vida. Por lo tanto, es una fuerza
poderosa bajo tu mando, ansiosa de llevar a cabo tus
deseos, alimentada por los pensamientos que sostienes en
tu mente de forma constante.

Tipos de entusiasmo

Existen dos clases de entusiasmo: el entusiasmo animado y el entusiasmo genuino. Cada clase está relacionada a la fuente de motivación que estimula su existencia. **Hay dos fuentes primarias de motivación: la externa y la interna.** La motivación externa se manifiesta como motivación de miedo o como motivación de recompensa. Cuando somos niños, el miedo y la recompensa son nuestras primeras experiencias motivacionales. Conforme tenemos más edad y conocimiento, desarrollamos la motivación interna, la cual se manifiesta como automotivación o como motivación espiritual.

El entusiasmo animado está basado en la motivación externa. Es una emoción creada o manufacturada que está estimulada por el miedo o la recompensa. En otras palabras, intentas actuar o actúas de manera entusiasta basado en tu conocimiento, experiencia o creencia de que esto te funcionará.

El entusiasmo genuino está basado en la motivación interna. Puede ser creado por el entusiasmo animado que se ejerce de manera constante y continua. Cuando actúas entusiastamente, eres entusiasta. Actuar y volverse entusiasta ocurren simultáneamente.

El poder magnético del entusiasmo es eficaz sin importar si es animado o genuino. La relación entre el entusiasmo genuino y el animado, es como el del magnetismo natural de la magnetita (hierro) que se encuentra en la tierra y el magnetismo inducido artificialmente que resulta de pasar una corriente eléctrica a través de ciertos metales (un electromagneto).

El poder del magnetismo humano está en que su fuente natural, se encuentra bajo tu control, dentro de tus propios pensamientos y conciencia. Cuando creas entusiasmo al actuar entusiastamente de manera intencional, estás preparando tu propio inyector de energía. Una vez que te introduces totalmente en la "parte" o visión que deseas proyectar, tu entusiasmo aparente se convierte en genuino. Entonces, tu magnetismo humano brota de la conciencia interna del yo y de Dios. La fuerza de este magnetismo está basada en el nivel de tu confianza en ti mismo, y en la calidad de tu fe y tu relación con Dios.

Generando entusiasmo

El entusiasmo es uno de tus hábitos más importantes para triunfar. Deberías crear el hábito de hacer todo con ahínco, clase y estilo. Debes demostrar en todo lo que haces un alto nivel de entusiasmo.

Nada carece de importancia como para hacerlo sin entusiasmo.

Cuando actúas entusiastamente, eres entusiasta.

Manifestaciones de entusiasmo

Tu entusiasmo se manifiesta en cada aspecto de tu ser. Está en el sonido de tu voz, tu tono, tu movimiento y tus acciones, y en la mirada en tus ojos. El entusiasmo se muestra en tu caminar, en tu modo de andar, en la forma en que estrechas la mano, y cómo sostienes tu cabeza y mueves la boca. Y debería expresarse como un anhelo intenso por la vida y por vivir.

Andas por el mundo como un campeón,
con clase y estilo.

Cómo generar entusiasmo

1. Cada nuevo día ten una gran sensación de expectativa.

Mantén una actitud de "este es un gran día" en todo lo que hagas. Te dirás a ti mismo de manera constante: "este es un gran día para trabajar, compartir y ser feliz". Cuando proyectas una actitud de "este es un gran día", irradias una fuerza magnética positiva que atraerá "un gran día" a tu vida. Los sucesos parecerán seguir tu camino. Estarás en el lugar exacto, en el momento exacto. Las personas y las cosas que estás buscando, aparecerán justo cuando las necesitas. Tu expectativa se convierte en el plano para construir tu día.

Aquello que esperas y proyectas con sentimiento, es lo que atraes. Cada día te da lo que pides.

2. Date cuenta que puedes controlar tu mente, tus pensamientos, tus sentimientos, tus emociones y tus acciones.

Eres el capitán de tu barco y el amo de tu destino. Nada, ni nadie, pueden tomar control de tu mente, a menos que tú lo permitas. Recuerda, eres el jardinero y a la vez el jardín. La maleza, o los pensamientos y sentimientos improductivos, sólo pueden crecer si tú lo permites. Cuando permites que la maleza crezca en el jardín de tu vida, ya sea al no hacer nada, o al realizar acciones ineficaces, has entregado el control de tu vida.

Ten el control de tus pensamientos y sentimientos, porque ellos son los planos de tu vida, ya que te conviertes en aquello en lo que piensas la mayor parte del tiempo.

3. Date cuenta que cualquier estado mental es contagioso.

La naturaleza y la calidad de tus pensamientos representan tu estado mental. Tu estado mental, tal como se proyecta a través de tu actitud, es una fuerza poderosa. Influencia e interactúa con los estados mentales de otros. Si tu estado mental es negativo, irradias una actitud negativa a los demás, quienes responderán de acuerdo a esto. Un estado mental positivo irradiará una actitud positiva que influenciará a los demás a responder en forma favorable, atrayéndolos a tu manera de pensar y actuar.

4. Date cuenta que tu apariencia personal presenta una imagen de quién eres, qué eres y hacia dónde te diriges.

Tu apariencia física es una manifestación primaria de tu estado mental. No puedes engañar a tus propios pensamientos. Lo que pareces ser físicamente en la realidad, de hecho es la representación física de la naturaleza y calidad de tu estado mental.

5. Mantén un nivel constante de entusiasmo todo el tiempo.

Algunas personas fluctúan de manera constante de la cima del entusiasmo a las profundidades de la negatividad. Esta fluctuación resulta de que sus pensamientos y sentimientos interiores son inconsistentes y están en desarmonía unos con otros. Esmérate en mantener un estado mental armónico y balanceado, centrado en pensamientos positivos de trabajo, amor, participación y alegría. Un estado mental positivo y equilibrado nunca está escaso de entusiasmo.

Capítulo 7

LA LEY
DE LA
CONCENTRACIÓN

La sexta ley universal del éxito es la Ley de la Concentración y la Disciplina

Esta ley dice que tu atención siempre debe estar concentrada en tus metas, tu visión ideal y tu propósito; y que tus pensamientos, emociones y acciones siempre deben estar bajo tu control.

> *"La luz del cuerpo está en el ojo:*
> *si tu ojo es único,*
> *todo tu cuerpo estará lleno de luz".*

(Mateo 6:22)

Metafísicamente, esto significa que la comprensión, el conocimiento y la sabiduría (= luz), llegan a través de lo que ves, o de aquello a lo que le das tu atención. Si concentras tu atención (= tu ojo es único), en aquello que te esfuerzas en lograr, entonces esto será llevado a cabo en su máxima escala. Mientras más concentrado estés, más exitoso serás. **Estar concentrado significa ejercer tal autocontrol, que nada ni nadie puede desviarte o distraerte de tus metas y tu visión ideal.**

El saboteador interior

A menudo, cuando inicias tu jornada en el sendero, parece haber una parte negativa que trabaja en contra de las cosas positivas que intentas hacer. Ella está en desarmonía con la parte positiva que busca el logro de tus metas, tu visión ideal y tu propósito. Esta parte negativa funciona como un saboteador en todos tus esfuerzos.

Los instrumentos de este saboteador son: distracciones, desánimo, desconfianza, duda, indecisión, indolencia, apatía, arrogancia, aislamiento y baja autoestima. Este saboteador es neutralizado mediante la concentración constante de tu atención, tus acciones y tus sentimientos, en tus metas, visión ideal y propósito. Concentrarte en tu atención, tus acciones y tus sentimientos, requiere autodisciplina o autocontrol.

Tener autocontrol o autodisciplina, significa que tienes que tomar posesión de tu mente con tal fuerza o a tal grado, que tus emociones, tus instintos y tu cuerpo estarán bajo tu control. La autodisciplina es el control interno.

Tu autodisciplina principia con tus pensamientos. Si no puedes controlar tus pensamientos, no puedes controlar tus acciones y tus emociones. Cuando tienes control sobre tus pensamientos, nunca puedes ser dominado por otros. Siempre serás capaz de tomar posesión de cualquier cosa a la que tienes derecho o mereces.

Cuando alguien te hace enojar, ha tomado control de tu mente. Estar enojado significa que alguien está jalando tus hilos. No te rindas ante los sentimientos y pensamientos de enojo. Siempre sé positivo.

Es difícil estar enojado con una sonrisa en tu rostro. Cuando las personas intentan hacerte enojar, sonríe, silba y di, "¿no es esto grandioso, fantástico?". Pueden pensar que eres un poco extraño, pero se llevarán su negatividad a otro lugar.

Para estar en control, siempre debes ser positivo. Permanece alejado de toda negatividad posible durante los próximos seis meses, y observa el cambio que esto trae a tu vida.

A pesar de que quizá no seas capaz de controlar los actos de otras personas, sí puedes controlar tus propias reacciones a esos actos. De hecho, las demás personas no pueden tener el control completo de tu vida. Tú debes dárselos. Si no le entregas el control de tu mente a otras personas, en este caso permitiéndoles que te hagan enojar, no tendrán ningún control sobre ti.

"Es un inocente quién no puede enojarse, pero es un sabio quién decide no hacerlo".

(Proverbio Antiguo)

La verdadera sabiduría proviene sólo de la autocomprensión basada en la autodisciplina. Cuando tienes autodisciplina, la disciplina proveniente del exterior es innecesaria. En ese caso, eres tu propio jefe, el capitán de tu propio barco. Tu propia iniciativa ocasiona que termines lo que haces, o que completes la tarea.

Siete maneras de mejorar tu autodisciplina

1. Cree que puedes tener éxito y empieza exactamente haciendo eso.
Primero, y antes que todo, debes tener una fe completa en tus habilidades y el coraje para emprender de inmediato la acción.

2. Aprende a esquivar los golpes.
No te rindas ante las presiones. No sudes ni te acongojes por los asuntos pequeños.
Si te encargas de las cosas grandes, las cosas pequeñas se resolverán por sí mismas.

3. Dedícate con esmero al logro de tus metas.
Si únicamente te dedicas a seguir tus planes
y a realizar tus metas, pronto olvidarás las razones
por las que éstas no se pueden lograr.

**4. Siempre debes estar consciente de los factores
positivos de esperanza.**
No te involucres en una rutina. La esperanza es
vid y la vida es esperanza.

**5. Ten confianza completa en tu habilidad para
encontrar una solución a cualquier situación
o circunstancia.**

6. Manténte avanzando y progresando.
Emociónate con tus logros diarios.

7. Sé un iniciador.
Actúa ahora. No seas indolente.

Capítulo 8

LA LEY DE ACCIÓN

La séptima ley universal del éxito es la Ley de Acción

Esta ley gobierna la forma o el método de ejecutar las acciones de la vida. Esta es la metodología mediante la cual los principios del éxito son implementados realmente día con día y momento a momento. La ley de acción abarca tu comportamiento, tu conducta, tus hábitos y el método de operación. Este es el proceso de operación mediante el que tus pensamientos y sentimientos, se convierten en los objetos y las experiencias de tu vida.

"Pero sean los realizadores de la palabra y no sólo aquellos que escuchan, engañándose a ustedes mismos".

(Santiago 1:22)

Todo lo que está escrito en este libro, y en cualquier otro instrumento de iluminación, carece absolutamente de valor a menos que lleves a la acción estas ideas y principios.

En un nivel práctico, la Ley de Acción se concentra en lo siguiente:

1. El trabajo (el empleo) que realizas para tu supervivencia material.

2. La planeación de tus acciones para producir los resultados deseados.

3. El logro de tus metas y de tu visión ideal en la vida.

4. La superación de obstáculos y retos a los que te enfrentas.

El trabajo correcto

El trabajo, por lo general, se define como un medio para ganarse la vida. En un sentido más amplio, el trabajo es el esfuerzo o la actividad, física o mental, dirigido a producir o lograr un resultado deseado.

Si hago la pregunta, ¿por qué trabajas?, la mayoría de las personas darán la misma respuesta básica, para ganar el sustento.

¿Qué estás obteniendo en tu trabajo? Por lo general, el objetivo de la actividad mental y física de levantarte cada mañana, vestirte y apurarte para llegar a tu lugar de trabajo, es obtener dinero para enfrentar las necesidades materiales de tu vida. Si todo lo que estás obteniendo del trabajo son los medios financieros para el cuidado material de ti mismo, entonces se te está pagando mucho menos de lo que deberías recibir, no importa cuánto estés ganando.

En tanto el objetivo de tu trabajo sea algo exterior a ti mismo, se te está pagando de menos. Cuando piensas en el trabajo como algo externo para obtener objetivos externos, te estás alejando del verdadero significado y esencia del trabajo. De hecho, mientras consideres el trabajo como un esfuerzo externo, retrasarás tu éxito en la vida.

El trabajo debe ser considerado en un nivel espiritual, interno. No debe ser visto como un "medio para ganarse la vida", sino más bien como "un medio para vivir lo que ganas". Tu trabajo debe ser un medio para poder expresar tus buenos deseos internos, y que provea la sustancia material necesaria para mantener y mejorar las condiciones de tu vida.

El trabajo tiene una naturaleza espiritual, divina, que cuando se encuentra perfectamente afinada, puede ponerte en armonía con el flujo cósmico del éxito, del bien y de las recompensas eternas. Cuando tu trabajo puede hacer todo esto por ti, será tu "trabajo correcto".

¿Cómo puedes encontrar el "trabajo correcto?"

Aprovecha al máximo tu situación actual. Desarrolla una actitud positiva global hacia el trabajo en general, y en especial hacia el trabajo que estás desempeñando en este momento.

A veces, cuando estás iniciándote en tu profesión, o cuando estás en la parte más baja de la escalera del éxito, te encuentras trabajando en algo que no te interesa de manera especial. Sin embargo, será tu actitud y tu reacción a tu trabajo lo que determine si continúas en la parte más baja o asciendes por la escalera del éxito. Si constantemente te quejas acerca de tu trabajo actual, culpándote a ti mismo o a otros por tu condición, probablemente no progresarás mucho. Irás de trabajo en trabajo, siempre infeliz, siempre quejándote y nunca progresando.

Si te encargas de mejorar tu actitud y la condicionas a ver los aspectos buenos y positivos de tu situación de trabajo actual, entonces estarás estableciendo el fundamento espiritual para el cambio positivo hacia tu "trabajo correcto". Reconoce que tu trabajo presente tiene un propósito. Piensa que este propósito es desarrollar cualidades divinas de paciencia, persistencia, comprensión y disciplina. Estas cualidades te conducirán a tu "trabajo correcto".

Cuando contemplas tu trabajo como una expresión externa de tus deseos internos, entonces debes hacer lo mejor que puedas para realizar este trabajo y cumplir todos tus deseos. Este es el principio del trabajo que se afirma en Eclesiastés 9:10:

"Cualquier cosa que tus manos encuentren qué hacer, hazla con (todas) tus fuerzas..."

Si te retrasas en la realización de tu trabajo, entonces también te retrasarás en la realización de tus deseos interiores.

En las primeras etapas de tu camino hacia el éxito, tus deseos internos pudieran no estar muy claramente definidos en tu mente consciente. Es a través de este principio del trabajo que se te revelan tus deseos internos. Entrégate en cuerpo, mente y espíritu a tu trabajo, creyendo que es para un propósito divino. Esta acción dedicada te guiará a tu trabajo correcto, y finalmente a tu propósito en la vida.

Evaluando tu posición actual

Cuando trabajas, tienes una meta y una visión ideal en tu mente. Piensa cómo quieres que sea tu vida, qué quieres hacer y lo que quieres tener. Define en tu mente tus metas y tu visión ideal en forma clara y concisa. Lo que establezcas en tu mente, se convertirá en el plano de tu experiencia de vida.

Cuando tus energías en el trabajo se dirigen hacia metas específicas, creas un impulso positivo hacia el futuro. Este impulso hacia el futuro te ayuda a vencer todo lo que te disgusta acerca de tu situación actual de trabajo.

Si no estás satisfecho con tu situación actual de trabajo, concentra tu atención en tus metas y procede a alcanzarlas. Determina lo que debes hacer para aproximarte a tus metas. Si necesitas más educación o experiencia, debes estar dispuesto a conseguirla. Al concentrarte en tus metas y en tu visión ideal, resultas menos afectado por las condiciones adversas de tu situación actual de trabajo.

Muchas personas, aunque están insatisfechas con su trabajo, no hacen el esfuerzo extra para realizar sus metas y su visión ideal. Llegan a quedar satisfechas con su insatisfacción. Prefieren quejarse y criticar a otros, en lugar de realizar los pasos necesarios para cambiar y mejorar su condición. Estas almas desafortunadas se abruman tanto con la maleza, o con los aspectos negativos de su situación de trabajo actual, que ocultan sus propias imperfecciones y su insatisfacción criticando y denigrando a otras personas.

Para conseguir tu "trabajo correcto", debes remover la maleza y evitar esta clase de conducta negativa. Cree en tu corazón que ningún conjunto de condiciones o circunstancias pueden detenerte de lograr tus metas y de realizar tu visión ideal. Ve por el mejor camino y ponte por encima de todas las imperfecciones de tu trabajo actual para establecer las bases de tu "trabajo correcto", según se reveló a través de tus metas y tu visión.

Una vez que establezcas tu visión ideal y tus metas, podrás examinar de manera apropiada tu situación de trabajo actual desde el punto de vista de los tres estándares que se mencionan a continuación:

1. Paga razonable para tus actuales circunstancias de vida.

2. Conocimiento, experiencia o entrenamiento que te será valioso en el futuro.

3. Prestigio, contactos o relaciones que puedan ser de ayuda en el logro de tus metas y la realización de tu visión ideal.

Evalúa tu situación actual de trabajo y cualquier otro puesto de trabajo que consideres pertinente, en base a estos tres estándares. El más importante de estos estándares es el segundo, lo valioso de la experiencia, el conocimiento y el entrenamiento. El siguiente en importancia es el prestigio, los contactos o las relaciones. La paga razonable para las actuales condiciones de vida es la menos importante de todos. Esto no debe implicar que una paga razonable no es importante, ya que sí lo es. El punto es, si se tiene que hacer un sacrificio, hay que hacerlo en el presente. Ten cuidado con los impulsos para una gratificación y un consumo inmediatos. No sacrifiques el futuro para satisfacer el presente.

La planeación al éxito

Las metas que estableces para ti mismo deben representar tu visión ideal y tus deseos más profundos en la vida. Y que realices tu visión ideal depende de tu habilidad para lograr de manera sistemática y consistente tus metas subyacentes. El elemento más importante para lograr tus metas es la formación y la ejecución de planes prácticos, definidos, que funcionen.

Un plan para el éxito es un curso de acción organizado que te permite producir los resultados deseados. El resultado deseado a producirse es el logro de tus metas y la realización de tu visión ideal. Producir resultados refleja tu habilidad para organizar tu tiempo, planear tu trabajo y trabajar en tu plan. Construir un gran rascacielos requiere un plan preciso, es decir, un plano que es seguido en forma exacta por los constructores. Este plano es una representación tangible de la visión ideal del rascacielos en la mente del arquitecto. Tu plan al éxito es el plano de tu propia visión ideal. Es una representación tangible de las ideas y los pensamientos que forman tu visión. Si sigues en forma correcta tu plan para el éxito, obtendrás los resultados deseados, lograrás tus metas y realizarás tu visión ideal.

Supervisa de manera constante la productividad de tu plan. Evalúa la productividad de tu plan todos los días. Si tu plan funciona, redobla tus esfuerzos para conseguir mayores resultados. No desperdicies tiempo en un plan que no funciona. Si tu plan no te conduce por un camino continuo, paso a paso hacia tus metas, reemplázalo con un nuevo plan. Si el nuevo plan tampoco funciona, reemplázalo de nuevo con otro plan. Continúa supervisando y evaluando tu plan hasta que encuentres uno que te funcione. Dale a cada plan la oportunidad suficiente para producir los resultados deseados.

Presta atención especial a tus propios esfuerzos al ejecutar cada plan. Asegúrate de dedicar suficiente tiempo y energía para darle a tu plan una oportunidad razonable de que funcione y produzca los resultados deseados. Muy a menudo, encontrarás que tu plan es correcto, pero que requiere más tiempo, energía, experiencia y recursos para hacerlo funcionar. En ese caso, quedará a tu elección llevarlo a cabo. ¿Estás dispuesto a incrementar tu compromiso de tener éxito? ¿O bien buscarás un plan que requiera comprometerte menos en tiempo, energía, recursos y experiencia? El hecho es que cuando incrementas tu compromiso con tus metas, estás contemplando el éxito. Pero cuando aceptas un compromiso menor te estás dirigiendo hacia el fracaso.

Cuando tu compromiso es alto, y estás deseoso de dedicarte todavía más al plan, y aún así este falla, deséchalo y consigue un nuevo plan. Realiza tus mejores esfuerzos para lograr que cada plan funcione, y no te desanimes por un fracaso temporal. La mayoría de las experiencias en las personas fracasan debido a que no son persistentes al desarrollar nuevos planes que reemplacen a los que no funcionaron.

¿Qué puedes hacer para elaborar un plan para el éxito y lograr los objetivos de tu plan?

El método de nueve pasos para elaborar un plan para el éxito

1. Compra una agenda diaria.

Síguela al pie de la letra. Tu agenda debe ser el registro oficial diario de tu jornada en el camino, tu camino hacia el éxito.

2. Escribe en tu agenda tu visión ideal, tus metas y las fechas de tus objetivos.

3. Elabora una lista de las acciones necesarias para lograr tus metas, y especifica cuándo deben llevarse a cabo.

4. Escribe una descripción breve, pero completa, de la manera en que piensas alcanzar tus metas. Este es tu plan para el éxito.

Escribiendo tu plan para el éxito

Una fórmula para escribir tu plan al éxito.

a. Debo lograr lo siguiente:

(tus metas)_____

b. Para lograr (metas), debo hacer lo siguiente:

(acciones)_____ para (fechas)_____

c. Lo más importante que debe hacerse para lograr:

(tus metas)_____ son (acciones)_____

d. El orden de importancia al ejecutar las acciones es:

(acción # 1)_____ en (fecha # 1)_____

(acción # 2)_____ en (fecha # 2)_____

e. Las herramientas, materiales y provisiones que necesitaré para lograr mis metas:

#1._____

#2._____

f. Las herramientas, materiales y provisiones necesarias se obtendrán de la siguiente manera:

#1_____en o antes de (fecha # 1)_____

#2_____en o antes de (fecha # 2_____

5. Revisa, estudia, asimila y memoriza la descripción de tu plan al éxito.

6. Comienza de inmediato haciendo primero las cosas más importantes, luego procede con las menos importantes.

7. Desarrolla un calendario diario que muestre todas las acciones que se llevarán a cabo y la fecha en que deberán ser hechas.

8. Planea todas las acciones que deben ejecutarse cada día. Si fracasas en llevar a cabo una acción en el día programado, muévela al siguiente día: nela con las acciones que se realizarán ese día, de acuerdo con su prioridad respecto a las acciones que ya están programadas para ese mismo día.

9. Supervisa en detalle tus actividades y evalúa tus resultados. Concéntrate en tu plan de acción. Actúa en base a él. Sigue tu programa. No pienses que tú solo puedes realizar las acciones de tu plan. Haz que otras personas hagan algo por ti. No gastes tiempo de pesos en trabajos de centavos. Haz primero todas las cosas importantes y planea cómo hacerlas con éxito.

Fórmula para alcanzar tus metas

Una vida exitosa depende de tu habilidad para identificar lo que quieres, de tu visión ideal personal, y de ir tras lo que quieres. Una vez que determinas tu visión ideal de la vida y tus metas a largo plazo, puedes establecer metas anuales, mensuales, semanales y diarias, que te conduzcan a tus metas a largo plazo.

La fórmula para el logro de tus metas:

1. Establece una meta para un año.

Escribe cada meta donde puedas verla varias veces al día. Coloca copias de tu meta escrita, en tu cartera, en tu espejo, en la puerta del refrigerador y en cualquier lugar en donde puedas verla con frecuencia durante el día. Léela de nuevo por lo menos tres veces al día. Asegúrate de incluir en tu escrito la fecha en la que deseas lograr tu meta.

2. Determina lo que debe hacerse para lograr tu meta.

Escribe todas y cada una de las cosas que deben hacerse para conducirte a tu meta. Sé muy específico y detallado. Haz una lista de las cosas que deben hacerse en orden de importancia. Escribe la fecha en que cada actividad debe comenzarse y cuándo debe terminarse.

3. Establece metas mensuales que te llevarán a tu meta de todo el año.

Elabora una lista de las cosas que necesitan hacerse para lograr tu meta anual, y acomódalas en base a las fechas en que deben terminarse. Revisa esta lista prioritaria de fechas y escribe qué debe hacerse cada mes para conducirte al logro de tu meta anual. Los puntos en la lista del mes se convierten en la base de tus metas mensuales para cada uno de los doce meses del año.

4. Determina lo que debes hacer para lograr cada meta mensual.

Concéntrate en las metas del primer mes. Organiza los elementos necesarios para alcanzar las metas del primer mes por fechas y prioridades de terminación.

5. Establece metas semanales para el primer mes.

La lista por fechas y prioridades de los elementos necesarios para lograr tus metas del primer mes, se convierten en la base para tus metas semanales. Analiza esta lista por fechas de inicio, fechas de terminación y prioridades de importancias. Considerando las fechas de completación, escribe las asuntos más importantes que deben terminarse durante cada semana del primer mes. Concéntrate en la primera semana del primer mes.

6. Determina lo que debe hacerse para lograr las metas de la primera semana del primer mes.

Analiza las metas de la primera semana con gran detalle. Determina cada acción que debe ser realizada para lograr tus metas de la primera semana. Elabora una lista con las acciones a ser realizadas, por prioridades y fechas.

7. Establece metas diarias para las metas de la primera semana del primer mes.

Basado en la lista de asuntos por realizar para alcanzar tus metas semanales, establece metas diarias que te conduzcan a tus metas semanales.

8. Determina qué acciones deben realizarse todos los días para lograr tus metas diarias.

Haz una lista con las actividades diarias necesarias, en orden de importancia. Haz primero los asuntos más importantes.

9. Mantén un registro de todos los logros.

Marca cada punto en tu lista diaria conforme lo termines. Trata de completar todo lo que está en tu lista para ese día en particular, pasa los puntos que no se terminaron al siguiente día, y agrégalos a los que serán hechos ese día.

10. Aprende de los fracasos pasados, pero no permitas que eso te retrase.

Si te encuentras conque no estás logrando las tareas diarias que te estableciste, no te desanimes. Analiza todas las actividades del día y determina qué es lo que te está retrasando. Diseña un plan para mejorar tu desempeño, e impleméntalo de inmediato.

11. Evita desperdiciar el tiempo.

El tiempo no puede repetirse o reemplazarse. El principal obstáculo para completar las actividades del día es el uso inapropiado de tu tiempo. Debes preguntarte a cada momento, ¿cuál es el mejor uso que le puedo dar a mi tiempo en este momento? Entonces, actúa de acuerdo a esto.

12. Repite este procedimiento sin fallar.

Repite esta rutina durante cada semana del primer mes, revisándola y mejorándola según se requiera. Evalúa tu desempeño al final de cada semana y decide hacerlo mejor. Sigue el mismo procedimiento para cada mes del año. Revisa y mejora tu desempeño de manera constante, y crecerás en fe y confianza en ti mismo.

13. Afiánzate a tu meta hasta que la hayas alcanzado.
Un ganador nunca claudica y un claudicador nunca gana. El lograr o no tus metas, se encuentra en tus manos. Si te rehusas a aceptar el fracaso, no importa cuál sea, tendrás éxito.

"Si piensas que te pueden derrotar, lo estarás.
Si piensas que no puedes atreverte, no lo harás.
Si te gusta ganar, pero piensas que no puedes
Es casi seguro que no ganarás.

Si piensas que eres alguien superior, lo eres.
Has tenido que pensar de manera elevada y grande.
Has tenido que estar seguro de ti mismo,
antes de poder ganar algún premio.

Las batallas de la vida no siempre las gana
el hombre más fuerte o más rápido.
Sino que tarde o temprano, el hombre que gana
es el hombre que piensa que puede".

Cómo vencer los obstáculos

Después de que has hecho tus planes, y de que has comenzado a llevarlos a cabo, con frecuencia surgen situaciones que parecen ser obstáculos. Cuando estas aparezcan, no te desanimes, ni te intimides.

No permitas que la apariencia de un obstáculo cree una atmósfera de fracaso.

Cuando aparece un obstáculo, no lo veas como un impedimento a tu progreso. Míralo como un reto a tus habilidades. Convierte las piedras que bloquean el camino, en un empedrado para el camino.

Para cambiar los obstáculos en retos, debes cambiar tu actitud hacia esa situación particular. Elimina las palabras "obstáculo" y "problema" de tu vocabulario y de tu pensamiento. Cada experiencia por la que pases será una situación. Sin tomar en cuenta si es negativa o positiva, en realidad es una situación que puede ser resuelta.

Con este cambio de actitud hacia las situaciones con las que te encuentres, estarás mejor equipado para manejarlas al verlas como oportunidades para el triunfo o el mejoramiento, en lugar de impedimentos al progreso.

Un método muy efectivo para superar los obstáculos, resolver situaciones y convertir las piedras en el camino en empedrados, es la fórmula de nueve puntos para la solución de una situación, que se da a continuación.

La fórmula de nueve puntos para la solución de una situación

1. Escríbela.

Escribe una descripción precisa de la situación que debe resolverse. Describe qué es y qué no es. Con frecuencia, simplemente el escribir y describir la situación ayuda a resolverla. Una vez que definas la situación con claridad, su solución comenzará a fluirte con rapidez.

2. Analiza la situación.
Observa la situación desde todos los ángulos posibles. Identifica todos los aspectos, poniendo especial atención en las partes que deben resolverse de inmediato y en las partes que requieran un análisis mayor.

3. Elabora una lista de todas las soluciones alternativas.
Escribe cada solución potencial tan completamente como sea posible.

4. Evalúa todas las soluciones posibles.
Determina a quién o a qué beneficia cada solución, y a quién o a qué perjudica.

5. Determina si tu solución (la elegida) es egoísta.
Si una solución potencial sólo te beneficia a ti, o perjudica a otras personas, probablemente te causará más dificultades en el futuro. Busca una solución que equilibre con justicia los beneficios, tuyos y de los demás.

6. Imagina las consecuencias.
Imagina cada posible solución a su conclusión lógica. Ve los resultados finales con claridad y con gran detalle.

7. Busca consejo, pero toma tus propias decisiones.
Discute la situación con personas en las que confíes y respetes. Pide su punto de vista y consejo. Estudia su consejo en conjunción con tu propia comprensión y tus propias observaciones. Luego, toma la decisión final.

8. Manténte firme en tu decisión.

Una vez que tomes una decisión, apégate a ella hasta que se produzcan nuevos hechos que garanticen un cambio favorable.

9. Pon en práctica tu decisión de inmediato.

No seas indolente una vez que hayas tomado una decisión. Comienza de inmediato y haz lo mejor que esté de tu parte.

La fórmula de nueve puntos te da un método que mejora la ejecución de tus planes paso por paso. Mediante este procedimiento, puedes convertir las piedras bloqueando el camino en un empedrado, y proporcionarte a ti mismo oportunidades de oro para edificar la fe y la confianza en ti mismo.

Capítulo 9

LA LEY
DEL VALOR

La octava ley universal del éxito es la Ley del Valor y del Intercambio Mutuo

"No den lo sagrado a los perros,
ni arrojen sus perlas ante a los cerdos,
para que nunca las hollen bajo sus pies,
y volviéndose hacia ustedes
los desgarren (despedacen)".

(Mateo 7:6)

La ley del valor aborda las interacciones que tienen lugar entre los diferentes niveles de conciencia. Cuando interactúes con otra persona en un nivel de conciencia, esa persona debería estar en un nivel de conciencia equiparable al tuyo.

Expresado de manera simple, la ley del valor dice que no desperdicies las cosas importantes para ti, tus tesoros, con gente, lugares o cosas que están por abajo de tu nivel de conciencia.

Por ejemplo, supón que compartes tus valores de equidad, honestidad y verdad con otra persona que tiene la conciencia propia de un mentiroso y un ladrón. Esa otra persona te odiará y se resentirá contigo. Será sólo cuestión de tiempo antes de que esa persona te responda a ti y a tus valores en la única forma que puede: mintiendo, haciendo trampa y robándote. No importa cuánto les ames o los cuides, ellos sólo pueden responder de una forma acorde a su propio nivel de conciencia: la de un mentiroso y un ladrón.

La ley del valor tiene cuatro aspectos principales: tiempo, pensamientos, acciones y valores.

Establece lo siguiente:

No desperdicies tu tiempo en pensamientos, gente, o acciones que no sean valiosas.

No desperdicies tus pensamientos en ideas que no sean valiosas.

No desperdicies tus energías en actividades sin valor.

No desperdicies tu dinero en aquello que no es valioso.

No desperdicies tus bienes y habilidades en aquello que no sea digno de tu atención, desde el punto de vista de tus metas, visión ideal y propósito. Al hacer una evaluación o tomar una decisión para aplicar tus bienes o habilidades en algo, siempre toma en cuenta las opciones, observando el efecto global causado a tus metas, visión y propósito.

Tiempo

Tu tiempo, las horas que gastas en esta Tierra, es tu bien más valioso. Es irrepetible e irremplazable. La forma en que gastes las horas que se te han asignado para vivir, determinará el valor de los éxitos que obtengas. Pierdes tiempo cuando lo gastas en esfuerzos improductivos, con gente improductiva. El resultado de perder tu tiempo se manifiesta rápidamente en tus experiencias de la vida.

Una mejor forma de entender cómo asignar tu tiempo, es hablando en términos de inversión de tiempo, en lugar de gasto de tiempo. El gastar tiempo tiene una connotación de irrevocabilidad sin retorno. Cuando gastas tiempo se ha ido para siempre. Cuando inviertes tiempo, hay un sentido de intercambio en la inversión. Por ejemplo, si gastas tiempo en la Universidad, puedes o no graduarte. Sin embargo, si inviertes tiempo en la Universidad, parece ser un resultado natural el que te gradúes.

La ley del valor dice: invierte tu tiempo únicamente en las personas y actividades que sean congruentes o armónicas a tus metas y visión. Primero elige tratar con aquellas personas que están en un nivel de conciencia comparable al tuyo. Esto no es negarle valor a la labor de caridad con personas que son menos afortunadas, o que tienen un nivel de conciencia inferior. El punto es que reconoces que es una labor de caridad y asignas tu tiempo y energía de acuerdo a ello.

Hazte la vieja pregunta, "¿cuál es el mejor uso de mi tiempo en este momento?". O, con más precisión: *"¿cuál es el mejor uso de mi tiempo en este momento, tomando en cuenta mis metas, visión, y propósito?".*

Pensamientos

Tus pensamientos son el plano de tu realidad. Si conservas pensamientos que están por debajo de tu nivel de conciencia, entonces estás desperdiciando tu increíble capacidad de pensamiento en prácticas de poco valor.

> *Las grandes mentes hablan de ideas;*
> *las mentes promedio hablan de lugares y cosas.*
> *Las mentes pequeñas hablan sobre otras personas.*

La ley del pensamiento dice que te vuelves aquello en lo que más piensas. No llenes tu mente con pensamientos inferiores a la clase y naturaleza de pensamientos que eres capaz de concebir, o que deberías de estar pensando. De otra forma, estos pensamientos inferiores se manifestarán en tu vida. Si permites tener pensamientos inferiores en broma, de manera no intencional, la mente subconsciente aceptará como verdad cualquier pensamiento que esté en tu mente, intencional o no intencional. Y entonces procederá a realizarlo en tu experiencia de la vida.

No permitas que tu mente se ocupe con pensamientos pequeños e improductivos que no apoyan tus metas y propósitos. Si prestas atención a estos pensamientos inferiores e improductivos no alcanzarás tus metas y propósitos. De hecho, estarás colocando las bases de tu propio fracaso, en un futuro no muy distante.

Hazte esta pregunta importante: *"¿En este momento, cuál es el mejor uso de mi mente, considerando mis metas, visión, y propósitos?".*

Acciones

Tus acciones son el puente entre tus pensamientos y la realidad. No gastes tiempo en actividades frívolas e improductivas. Cualquier actividad que no apoye tus metas, visión y propósito, es frívola e improductiva.

Hazte la pregunta de acción: *"¿Qué es lo más efectivo que puedo hacer en este momento, que me llevará a mis metas, visión y propósito?".*

Dinero

"El dinero es el potencial del que obtienes tu autoimagen".

(Dr. Johnnie Colemon)

Puede ser medido como dinero en efectivo o en resultados. La falta o escasez de dinero es una de las principales excusas que la gente con poco éxito da para explicar su falta de éxito.

Para comprender la ley del valor, según se aplica al dinero, examinemos primero los principios del dinero y la riqueza.

Los cuatro principios de la riqueza

1. El principio de la ganancia.

Toda riqueza es creada en la mente. El principio de la ganancia comprende el intercambio del valor requerido para crear suficiente ingreso y cubrir tus necesidades.

2. El principio del gasto.

El principio del gasto comprende la forma en que gastas tu dinero, lo haces circular o dispones de él en cualquier otra forma.

3. El principio del ahorro.

El principio del ahorro comprende la acumulación del excedente de tu ingreso.

4. El principio de inversión.

El principio de inversión comprende la asignación del ingreso extra para incrementar tu riqueza e ingreso.

La ley del valor según se aplica al dinero, es como sigue:

Genera suficiente ingreso de tal forma que apoye tus metas. Intercambia sabiamente tu tiempo, conocimiento y energías para generar este ingreso. Gasta este dinero de una forma consistente con tus metas, de manera que te de poder a ti y a otros. Primero págate a ti mismo como medio para crear un excedente, es decir, tus ahorros. Pon a trabajar una parte de tus ahorros en una inversión que se autogenere, que por sí misma produzca expansión e ingreso.

Simplemente establece: **Gasta menos de lo que ganas. Ahorra lo que no gastes. Invierte una porción de lo que ahorraste, para ayudarte a generar más.**

Hazte la pregunta del dinero: *"¿Cuál es el mejor uso de mi dinero en este momento, desde la perspectiva de mis metas, visión, y propósito?"*.

Dominando el acertijo de la supervivencia

Al progresar a lo largo del camino, adquieres una conciencia más perspicaz respecto a cuánto tiempo y esfuerzo dedicas para generar suficiente ingreso que cubra tus necesidades y las de tu familia. Este reto para la supervivencia de tus finanzas es una prueba importante de tu conocimiento, habilidad, determinación y autodisciplina.

Si no enfrentas este reto y lo dominas, pones una limitación severa a tus habilidades para alcanzar tus metas y realizar tu propósito. De hecho, mientras te encuentres viviendo de un cheque de nómina al otro, o dependas de la ayuda de algo o alguien, encontrarás difícil tener el tiempo y concentrar tu atención con suficiente intensidad para obtener el resultado deseado. Así que es crucial que enfrentes y venzas este reto financiero, y a partir de esto, resuelvas el acertijo de la supervivencia.

Solucionar el acertijo de la supervivencia, significa que has alcanzado un nivel de independencia financiera en el cual los frutos de tus esfuerzos son suficientes para poder continuar viviendo indefinidamente en un nivel placentero para ti, sin requerir ningún esfuerzo más.

Por ejemplo, si supones que $ 360,000 pesos al año serían suficientes para cubrir todas tus necesidades financieras, tu objetivo sería trazar un plan para generar suficientes bienes y riqueza para producir un ingreso anual de $ 360,000 sin tocar el capital.

Básicamente hay tres formas de crear riqueza:

1. Paga y salario.

2. Ingreso de un negocio.

3. Ingreso de una inversión.

Tomemos un escenario muy común. Tienes 40 años. No tienes un negocio. No tienes inversiones. Pero tienes un buen trabajo donde te pagan $ 360,000 pesos anuales. ¿Qué puedes hacer, y cuánto te llevaría acumular suficiente riqueza o bienes que te garanticen $ 360,000 pesos anuales de ingreso para tu vida? Vamos asumir que decides crear esta riqueza tomando la ventaja del interés compuesto en el tiempo. Y además supón que has elegido invertir mensualmente en un fondo mutualista de inversión.

Primero, determina cuánta riqueza y activos en fondos mutuos tendrías que acumular para generar $ 360,000 pesos de ingreso anual. Asumiendo un beneficio anual del 12%, que es bastante conservador, tendríamos:

$$\$ 360,000/12\% = \$ 360,000/.12 = \$ 3,000,000$$

Un capital de $ 3,000,000 de pesos en inversión de un fondo mutuo, al 12% anual de rendimiento, te podría dar $ 360,000 pesos de ingreso anual.

Utilizando las tablas de interés compuesto estándar de Estados Unidos, disponibles en la mayoría de los bancos, fondos mutualistas o librerías, puedes ver cuánto tendrías en 10 ó 30 años en diversas cantidades de inversión mensual.

Tabla de planeación del interés compuesto

Inversión mensual	Cantidad acumulada en pesos		
	10 años	20 años	30 años
$ 1000	$ 230,040	$ 989,240	$ 3,494,960
$ 2000	$ 460,080	$ 1,978,480	$ 6,989,920
$ 3000	$ 690,120	$ 2,967,720	$ 10,484,880

Siempre págate a ti mismo primero. Si apartas el 10% de tu ingreso anual y lo inviertes en mensualidades, estarías invirtiendo:

10% de $ 360,000 = $ 36,000 por año.
$ 36,000/12 meses = $ 3000 pesos mensuales.

De la tabla de interés compuesto (en E.U.A.), te darás cuenta de que si inviertes $3000 pesos por mes en una utilidad de fondo mutuo del 12% por año, tendrías $2,967,720 pesos en 20 años. En otras palabras, habrías conquistado el acertijo de la supervivencia a la edad de 60. Si comienzas lo antes posible, o incrementas tu inversión mensual, alcanzarás esta independencia mucho más pronto. Supón que inicias este programa a la edad de 30, lo habrías logrado a la edad de 50.

Lo que muestra este ejemplo, es que no necesitas una gran herencia, habilidades especiales o contactos. Con autodisciplina puedes resolver, por ti mismo, el acertijo de la supervivencia en el tiempo.

Otro enfoque para solucionar el acertijo de la supervivencia es establecer o comprar un negocio. Peso por peso, el negocio más accesible y efectivo que puedes adquirir, probablemente sea un negocio de mercadeo en red.

Una vez que estableces un programa para crear riqueza y te comprometes a llevarlo a cabo, sin importar lo que pudiera pasar, habrás resuelto el acertijo de la supervivencia.

Para beneficiarte adecuadamente de la ley del valor, se requiere que tus metas, tu visión y tu propósito estén claramente definidos. Este es el marco de referencia sobre el que se basan tus elecciones y sobre el que haces tus decisiones.

Capítulo 10

LA LEY DE LAS RELACIONES

La novena ley universal de éxito es la Ley de las Relaciones

Cada paso de tu jornada hacia el éxito conlleva relaciones. El que seas capaz de desarrollar relaciones positivas, gratificantes, que te den poder, determina en gran parte si lograrás tus metas y tu visión ideal, y también en qué medida las lograrás.

Las cuatro relaciones básicas:

1. La relación con Dios.
2. La relación con uno mismo.
3. La relación con otros.
4. La relación con las cosas.

Cuando las relaciones son adecuadas, se les llama relaciones armónicas.

Las relaciones armónicas son relaciones positivas, reanimantes, educativas y productivas. Resultan en buena salud, felicidad, amor, éxito, prosperidad y resultados positivos y deseados. Las relaciones están basadas en la verdad, conocimiento, comprensión, fe, coraje, confianza en uno mismo y respeto. Cuando las relaciones no son armónicas, están basadas en pensamientos negativos e improductivos, y en sentimientos centrados en la ignorancia, el miedo, la duda, la deshonestidad y la indecisión.

Tu relación armónica con Dios

Tu relación armónica con Dios se expresa en Mateo 22:37 y 38:

"... Tienes que amar al Señor tu Dios,
con todo tu corazón, con toda tu alma,
y con toda tu mente".
"Este es el primer y más grande mandamiento".

En otras palabras, la relación armónica entre tú y Dios es de amor. Pero entonces, **"¿qué es el amor?"**.

Amor es sentimiento, emoción, un fuerte afecto o adhesión, basado o proveniente del parentesco, la admiración, la benevolencia, el respeto, la compasión, la ternura, el interés común y, en general, las emociones positivas.

Metafísicamente, al corazón se le identifica con la mente subconsciente, el alma es identificada con tu mente superconsciente y la mente se relaciona con tu mente consciente.

Así, la relación armónica entre tú y Dios es de total afecto, apego, respeto, obediencia y sentimiento en cada nivel de tu ser: tus mentes consciente, subconsciente y superconsciente. Cuando existe este equilibrio adecuado, estás en una relación armónica con Dios.

Sin embargo, si amas a Dios en tus pensamientos, pero no expresas ese amor en tus sentimientos, estarás en desarmonía. Incluso si amas a Dios en tu pensamiento, expresa ese amor en tus sentimientos; si no tienes fe en el poder de Dios para expresar tu visión ideal, te encontrarás en desarmonía. Para lograr tus metas y tu visión, debes tener una relación armónica con Dios. Debes amar a Dios con todo tu corazón, tu alma y tu mente.

La relación armónica contigo mismo

¿Cómo demuestras tu relación armónica con Dios?

Demuestras tu relación armónica con Dios por la forma en que te amas a ti mismo, por la forma en que te sientes acerca de ti mismo. Primero se debe hacer propio el valor y el amor, antes de poder externado a otras personas. No podemos dar o compartir aquello que nosotros no poseemos.

La relación contigo mismo esta incluida en tu propia imagen, en cómo te sientes acerca de ti mismo. Cuando tu propia imagen es íntegra, está basada en el conocimiento, el amor, el coraje, el respeto, la fe y la confianza. En este caso te encontrarás en una relación armónica contigo mismo.

Tu relación armónica con otras personas

Mateo 22:39, describe la relación armónica entre tú y otras personas:

*"El segundo (mandamiento) semejante a este es,
amarás a tu prójimo como a ti mismo".*

Otra afirmación de la relación armónica entre tú y otras personas es:

"...todas las cosas que quieren
que (las personas) les hagan, ustedes
de igual manera deben hacérselas a ellas..."

(Mateo 7:12)

En términos más familiares se puede decir que la Regla de Oro es:

**"*Haz a otros,*
lo que quisieras que te hicieran".**

Amar a tus vecinos como a ti mismo, implica que primero debes amarte y tener una relación armónica contigo mismo antes de poder amar y tener una relación armónica con otra persona. Demuestras tu amor a ti mismo en la forma en que amas a otras personas.

El amor requiere autoestima e independencia. Está basado en tu habilidad para que compartas con otros por decisión propia y no por una dependencia necesaria. Una relación armónica entre dos individuos, es aquella en la que ambos tienen la habilidad para confortarse el uno al otro.

Entonces, el amor verdadero es una relación armónica entre dos personas, en donde cada una tiene una relación armónica consigo misma. Las personas que son dependientes una de la otra, mantienen su relación por necesidad o por dependencia más que por elección. Sólo cuando eres independiente, cuando tienes una relación armónica contigo mismo, es que eres verdaderamente libre para amar a otras personas, y a la vez, tener una relación armónica con ellas.

Nueve formas de mejorar tu relación con otras personas

1. Sé agradable.

Tu habilidad para ser agradable a otros es invaluable en tu jornada hacia el éxito. Para ser agradable, primero tienes que agradarte a ti mismo. Entonces, esta sensación positiva que tienes de ti mismo puede ser proyectada hacia otros a través de tu actitud. Cuando le agradas a las personas, ellas harán cosas para ayudarte y apoyarte en el logro de tus metas y la realización de tu visión ideal.

"Una persona que tiene amigos
debe mostrarse (con ellos) amigable..."
(Proverbios 18:24)

2. Recuerda siempre los nombres de las personas.

No existe sonido más placentero para otra persona que el sonido de su propio nombre. A las personas les gusta que recuerdes sus nombres. Las hace sentir que tú piensas que son especiales.

3. Expresa tu aprecio por lo que hacen los demás.

Cuando muestras aprecio por lo que hacen las personas, le das valor y reconocimiento a sus esfuerzos.

4. Sé espléndido en tus elogios.

El elogio expresa tu aprobación de lo que otros hacen. Los eleva y los inspira a realizar más.

5. Escucha con atención las palabras de los demás, comprendiéndolas, entendiéndolas y respondiendo a ellas.

Con demasiada frecuencia, la comunicación se ha convertido en la práctica de dos personas esperando que la otra termine de hablar para poder comenzar a hablar de nuevo. Muy pocos escuchan realmente a las otras personas. Están demasiado ocupados pensando acerca de lo siguiente que van a decir. Cómo escuchas a otros, es más importante que lo que dices. Primero que nada, escucha toda la historia de la otra persona.

6. Permite que los intereses de la otra persona sean el tema de la conversación.

La mejor forma de conseguir y mantener la atención de la otra persona, no es mediante una plática afable diseñada para impresionarla con nuestros triunfos. Consigues su atención al animarla a hablar acerca de sus logros, sus metas y sus aspiraciones.

7. Haz que la otra persona se sienta importante.

Reconoce y elogia la importancia de todas las personas que te encuentras. Siempre orienta la conversación hacia la otra persona. Sé consciente de sus necesidades y haz todo lo posible por satisfacer esas necesidades. Trata de ser cortés y de gran ayuda para esta persona, de una manera que sea importante para ella.

8. No critiques.

Vive por encima de la "criticonería" despreciable. Trata a los demás de la manera en que te gustaría ser tratado. Permite que el amor motive tus actitudes y tus acciones. Desea lo mejor para todos con los que te encuentras. Debes estar dispuesto a hacer ese esfuerzo extra, en especial si ello origina más conocimiento y comprensión.

Cuando echas tierra (a las personas), pierdes terreno.

9. Cree siempre que existe una forma de lograr los mejores resultados.

Date cuenta que las personas llegan a tu vida por una razón. Cuando tu autoimagen es íntegra, debes estar seguro que únicamente atraerás a aquellas personas que están en armonía con lo que sientes por ti mismo. Los demás serán repelidos por el aura positiva que te rodea.

Por consiguiente, no te detengas al fincar relaciones positivas. Haz todo lo posible para nutrir y desarrollar estas relaciones en asociaciones duraderas de beneficios positivos mutuos.

Palabras y frases que te ayudarán a desarrollar relaciones positivas

Las 5 palabras más importantes:
Estoy muy orgulloso de ti.

Las 4 palabras más importantes:
¿Cuál es tú opinión?

Las 3 palabras más importantes:
Si tú gustas.

Las 2 palabras más importantes:
Muchas Gracias.

La palabra más importante:
Felicidades.

La palabra menos importante:
Yo.

La forma más poderosa y elevada de tus relaciones con otras personas, es la formación de un Grupo de la Mente Maestra y la práctica del Principio de la Mente Maestra.

El Principio de la Mente Maestra

"Porque donde haya dos o tres reunidos en mi nombre,
ahí estaré en medio de ellos".

(Mateo 18:20)

La Mente Maestra es la fuente de poder que crea, dirige y guía la creación universal. Se le conoce por varios nombres: Dios, Causa Primera, Ser Supremo, Causa Suprema, Fuerza Universal, etc. Cada uno de nosotros, cada persona en el planeta, es una expresión individualizada de esta Mente Maestra.

Como se expresó en el Génesis, Dios, esta Fuerza, la Mente Maestra, es el creador de todo lo que existe. El Génesis, 1:27, nos expresa:

"Así que Dios creó al hombre a su propia imagen,
lo creó a la imagen de Dios;
los creó hombre y mujer".

A fin de aprovechar este poder, se ha desarrollado un sistema estructurado de oración para enfrentar cualquier reto. Puede usarse para encontrar la solución a cualquier problema al que te enfrentes. Este sistema de oración usa tus propios pensamientos, poderes e inteligencia creativa, junto con la Inteligencia Infinita de la Mente Maestra, para luego agregar la energía mental por lo menos de otra persona. El Principio de la Mente Maestra, incorpora el antiguo concepto de que las energías, las inteligencias y los poderes combinados de dos o más personas de mentes similares, son mucho mayores que la suma total de sus energías, sus inteligencias y sus poderes individuales.

El Principio de la Mente Maestra se aplica a través de un Grupo de la Mente Maestra.

Un Grupo de la Mente Maestra consiste de dos o más personas que se reúnen en forma regular en una atmósfera de confianza y armonía. El propósito de la reunión es proporcionarse apoyo y ánimo mutuos. No se realiza con el propósito de resolverse uno al otro los problemas, sino más bien para presentar áreas en problemas, necesidades de curación y cualesquiera otros buenos deseos, a la Mente Maestra.

Las reuniones se pueden llevar a cabo en una casa, un negocio, un restaurante, una iglesia o en cualquier lugar de reunión acordado mutuamente. Las reuniones deberían ser breves y encaminadas al propósito buscado. Es suficiente con reunirse una vez por semana.

Una reunión de la Mente Maestra se conduce de la siguiente manera:

Al comienzo de la reunión, se puede usar un lapso breve para compartir informes de progreso, oraciones respondidas o metas logradas. Este periodo para compartir, ayuda a establecer una conciencia de emoción, éxito y expectativa.

Una persona actúa como el líder del grupo y abre la reunión recordando al grupo que existe una Mente Maestra, una Presencia Infinita y un Poder mayor que ellos mismos. Este poder está esperando para responderles personalmente, si únicamente lo piden.

Después, el líder guía al grupo a través de los pasos, uno a la vez. Cada miembro responde verbalmente en cada paso, dirigiéndose a la Mente Maestra en presencia del grupo.

Los ocho pasos del proceso de la Mente Maestra

1. Me rindo.
Admito que yo sólo no tengo poder para resolver mis propios problemas y mejorar mi vida. Necesito ayuda.

2. Creo.
Creo que un poder mayor que yo, la Mente Maestra, me está respondiendo de una forma muy personal.

3. Comprendo.
Me doy cuenta que el pensar de manera errónea y derrotista es la causa de mis problemas, fracasos, infelicidad y miedos.

4. Decido.
En este momento decido entregar mi vida a la Mente Maestra, entregando mi voluntad y mis creencias falsas.

5. Perdono.
Me perdono a mí mismo por todos mis errores. Así también, perdono y exonero a cualquier persona que me haya lesionado o dañado de cualquier manera.

6. Pido.

Ahora hago mi petición específica ante la Mente Maestra y mis asociados.

En este paso, cada miembro del grupo expresa sus necesidades de oración y recibe el apoyo de los otros miembros del grupo. Luego de cada petición en la oración, los otros miembros del grupo afirman juntos: *"Sé que la Mente Maestra te ha oído. Recibirás y experimentarás eso que has pedido y más aún".*

7. Acepto agradecido.

Acepto agradecido y doy las gracias, sabiendo que el poder milagroso de la Mente Maestra ha respondido a todas mis peticiones y necesidades.

Doy gracias y asumo los sentimientos que tendría si mis peticiones ya hubieran sido concedidas.

8. Dedicatoria y convenio.

Ahora hago un convenio que estipula que la Mente Maestra me proporcionará todas las cosas necesarias para vivir una vida feliz y llena de éxitos.

Dedico mi vida a dar un servicio continuo a Dios y a mis semejantes, y a vivir mi vida como un ejemplo positivo a seguir por otros. Mantengo un canal abierto para recibir la dirección y la voluntad divina.

Siempre salgo con un espíritu de amor, entusiasmo y expectativa.

Estoy en paz conmigo mismo.

Tú relación armónica con las cosas

"No acumulen tesoros para ustedes sobre la Tierra,
donde la polilla y la oxidación los corromperán,
y donde los ladrones se introducirán y los hurtarán.
Sin embargo, acumulen para ustedes tesoros en el cielo,
donde ni la polilla ni la oxidación los corromperán,
y donde los ladrones no podrán introducirse ni hurtar.
Porque donde esté su tesoro
también estará su corazón".

(Mateo 6:19, 20 y 21)

Recuerda que tú eres el amo del planeta, a quien se le ha dado poder y dominio sobre todas las cosas que aquí existen. Tu tesoro es aquello más importante para ti; aquello que valoras profundamente; aquello por lo que mantienes sentimientos intensos en tu corazón, o en tu mente subconsciente.

Cuando depositas tus valores y tus sentimientos internos profundos en las posesiones materiales o en las cosas exteriores a ti, las cuales pueden ser hurtadas o destruidas, estás renunciando al poder dado por Dios. Si depositas tus valores en estas posesiones materiales, estas te regirán y te controlarán.

Algunos pueden argumentar que puedes tener una relación armónica con Dios y amar las posesiones materiales al mismo tiempo. Sin embargo, esta contradicción está comprendida en Mateo 6:24:

"Ninguna (persona) puede servir a dos amos,
porque odiarán a uno y amarán al otro;
o además apoyarán a uno y despreciarán al otro.
No puedes servir a Dios y a la riqueza
(las posesiones materiales)".

Por consiguiente, coloca tus valores y tus sentimientos más profundos en el cielo (tus pensamientos y conciencia elevados), y no en las cosas o posesiones materiales. La relación armónica entre tú y las cosas, es aquella en que las posesiones materiales te sirven a ti, y están ahí para tu beneficio y gozo. Puedes disfrutar las posesiones materiales, pero no te deben regir y controlar.

La relación armónica entre tú y las cosas está establecida en Mateo 6:31-33:

> *"Por consiguiente,*
> *no estés ansioso (preocupado) diciendo,*
> *¿Qué comeremos? o, ¿Qué beberemos? o,*
> *¿Con qué nos vestiremos?*
> **Sino que primero busca el reino de Dios y su rectitud,**
> **y todas estas cosas se te darán".**

Cuando desarrollas una relación armónica con Dios, y sigues los dictados de esa relación, tienes una guía para establecer una relación armónica contigo mismo, con otras personas y con las cosas materiales. Sigue esa guía y todo lo que necesitas te llegará. Las ideas, las personas y los materiales necesarios requeridos para lograr tus metas y realizar tu visión ideal y tu propósito, se te darán al pedirlos.

Capítulo 11

LA LEY DEL ABASTECIMIENTO

La décima ley universal del éxito es la Ley del Abastecimiento y la Oportunidad

Todo lo que es necesario para una vida abundante, siempre está presente y siempre está disponible. Las oportunidades son infinitas. Existe un abastecimiento ilimitado de cualquier cosa que necesites, en dondequiera que te encuentres.

"No aceptes ningún pensamiento, que diga,
¿Qué comeremos? o ¿Qué beberemos? o
¿Con qué nos vestiremos?
...Porque tu Padre celestial sabe
que tienes necesidad de todas estas cosas.
Pero primero busca el reino de Dios y su rectitud,
y todas estas cosas se te darán".

(Mateo 6: 31-33)

¿Dónde está el Reino de Dios? ¿Es algún lugar por allá, arriba de las nubes? ¿Está al otro lado de la vida? No, la respuesta se da en Lucas 17: 20-21:

"El reino de Dios
no se ve con la observación.
Ni pueden decir, ¡Está aquí! ¡Está allá!
Porque he aquí, que el Reino de Dios
está dentro de ustedes".

¿Qué es el Reino de Dios?

"Porque el reino de Dios
no trata acerca de comer y beber,
sino de rectitud, paz y alegría
en el Espíritu Santo".

(Romanos 14:17)

No son las cosas físicas, sensuales o materiales las que comprende el reino de Dios. El reino de Dios es una condición mental. Es un estado de conciencia en el que la mente, el cuerpo y el alma están en armonía con la mente divina. Específicamente, es ese estado de conciencia en el que tus mentes consciente, subconsciente y supercons- ciente están en armonía con la Mente de Dios.

El reino de Dios también representa una proyección de las Ideas divinas, o los ritmos universales, en tu propia mente. Por lo tanto, el reino de Dios es el reino de los pensamientos y las ideas. En un nivel práctico, la Ley Universal del Abastecimiento afirma que primero debes buscar los pensamientos y las ideas.

Para obtener la salud, riqueza y felicidad que deseas, primero debes buscar en tu interior pensamientos e ideas que estén en armonía con la salud, la riqueza y la felicidad. Por consiguiente, para hacer que estos pensamientos e ideas se manifiesten en tu vida, debes hacer algo más que sólo pensar en ellos. Debes emprender la acción.

Debes BUSCAR el reino, debes dedicarte a buscar estos pensamientos e ideas de manera activa, inteligente y continua. Date cuenta que experimentarás salud, riqueza y felicidad como resultado de tus esfuerzos.

No te preocupes, temas o dudes. Mantén tus pensamientos concentrados en la visión mental de lo que deseas realizar en tu vida. Cree en esa visión. Ten fe en tu propia habilidad para hacer todo lo que se necesite para realizar esa visión ideal.

Entiende que la Ley Universal de Abastecimiento garantiza que no hay ninguna carencia o limitación en Dios, la Mente Divina. *Siempre existe un abastecimiento ilimitado de todo lo que necesitas para conseguir todo lo que quieres.* La escasez, carencia y limitación sólo existen en tu mente. Ya que eres tú quién controla los pensamientos que llenan tu mente, puedes hacer todo lo que quieras hacer, tener todo lo que quieras tener y ser cualquier cosa que quieras ser.

Si piensas en la abundancia en tus pensamientos, ve la abundancia en tu imaginación (el ojo de tu mente), siente la abundancia en tu corazón y cree en la abundancia en tu alma. Así tendrás abundancia en tu vida.

"Benditos (son aquellos) quienes caminan,
sin el consejo del malvado,
ni están en el camino de los pecadores,
ni en el asiento del desdeñoso.
Sino que se deleitan en la ley del Señor;
y en la ley (de Dios) meditan día y noche,
y cualquier cosa que hacen prospera".

(Salmos 1:1:3)

Poniendo esto de manera simple, cuando estás en armonía con las Leyes Universales del Éxito, cualquier cosa que intentas funciona, cualquier cosa que necesitas aparece.

Donde existe un abastecimiento ilimitado,
existen oportunidades ilimitadas.

¡La oportunidad siempre se encuentra justo donde tú te encuentras!

La oportunidad es una combinación favorable de circunstancias en una actividad en particular; una buena ocasión u oportunidad para que mejores. Se deriva de la palabra oportuno, la cual significa, adecuado para el propósito; que se ajusta a las circunstancias; en tiempo; que sucede o se hace en el tiempo correcto. Oportuno proviene del Latín opportunus, que significa en o ante el puerto; en la puerta.

Por lo tanto, una oportunidad es una circunstancia o una serie de circunstancias que te colocan ante la puerta; la puerta del éxito, de la abundancia, de las posibilidades infinitas de salud, riqueza, felicidad, amor, recompensa y progreso. ¿Cómo puedes llegar a pararte frente a esta puerta de la oportunidad?

Date cuenta que la ley del abastecimiento siempre está en operación. La fuente de la salud, la riqueza y la felicidad que deseas está justo dentro de tu mente. Por consiguiente, *te paras enfrente de la puerta de la oportunidad como resultado de tus propios pensamientos.*

Si te permites a ti mismo ser un pensador negativo, entonces tus pensamientos serán de carencias, limitaciones, fracasos y miedos. No verás la puerta de la oportunidad. De hecho, podrían presentarse una serie de circunstancias que te beneficiarían enormemente, y tú ni siquiera las verías.

Estarías tan envuelto en lo que no tienes, en lo que no puedes hacer y en lo que no puedes convertirte, que no estarías consciente que la oportunidad ya se ha presentado y que la puerta está justo donde tú estás.

El pensador negativo vería la puerta de la oportunidad como un obstáculo infranqueable y se daría la media vuelta convencido de que, "¡No se puede hacer!" o "¡No hay lo que se necesita!". Una por una, las oportunidades en la vida son rechazadas o ignoradas, el pensador negativo cae cada vez más profundamente en una realidad creada de carencia, limitación, fracaso, miedo y pobreza.

El afamado cirujano inglés, Thomas Jones (1810-1880), describió esta experiencia diciendo:

"Muchas personas hacen con las oportunidades
lo que los niños hacen en las playas,
llenan sus manitas con arena,
y dejan que los granos caigan a través de ellas,
uno por uno, hasta que todos se han ido".

Cuando eres un pensador positivo aceptable, la ley del abastecimiento trabaja para ti de inmediato. Eso que estás buscando, te está buscando a ti; eso que estás pidiendo, se está apresurando a entregarse a ti; y dondequiera que toques, se te abrirá una puerta. De manera simple:, "¡Lo que ves es lo que obtienes!".

Cuando eres un pensador positivo, ves las mismas circunstancias como una puerta a las grandes oportunidades de salud, riqueza, felicidad y éxito que estás buscando. Al creer en tus propias habilidades, abrirás esa puerta, entrarás y recibirás bendiciones.

Nunca hay una falta de oportunidad. La oportunidad, como todos los víveres, es infinita y siempre existe. Sin embargo, la manera en que percibes una oportunidad depende de tu nivel de conciencia. Si tienes un nivel bajo de conciencia, centrado en objetos, en el mundo material de hechos y apariencias, entonces tu percepción de una oportunidad está limitada por esos mismo hechos y circunstancias.

Por ejemplo, muchas personas piensan que graduarse en la Universidad es esencial para el éxito. Basados en esa creencia, sienten que no pueden ser exitosos hasta que tengan su título universitario. Así que cuando se presentan ciertas circunstancias y oportunidades para progresar en su profesión, no las ven como oportunidades. Han aceptado la limitación de no tener un título universitario como un obstáculo infranqueable. Por lo tanto, no se permitirán a sí mismos aprovechar las oportunidades que existen justo donde ellos se encuentran.

Por otro lado, una persona con un nivel de conciencia más elevado, orientada a Dios y a los principios espirituales, con o sin un título universitario, vería esas mismas circunstancias como grandes oportunidades de realización, éxito, felicidad y riqueza. En un nivel superior de conciencia, "todas las cosas son posibles".

"...con Dios todas las cosas son posibles".

(Mateo 19:26)

Cada circunstancia en tu vida es una oportunidad de realización y progreso. Así sean experiencias positivas de alegría y felicidad, o experiencias negativas de sufrimiento y desesperación, el potencial de progreso, recompensa y beneficio es el de una oportunidad siempre existente.

Capítulo 12

LA LEY DE LA PERSISTENCIA

La onceava ley universal del éxito es la Ley de la Persistencia y los Resultados

Expresada en forma simple, estipula: Si persistes realizando acciones correctas, obtendrás resultados correctos. Conforme a la Biblia, la ley de la persistencia y los resultados sería:

"...Pide y se te dará;
Busca y encontrarás;
Toca y se te abrirá".

Porque todo el que pida recibirá,
Y los que busquen encontrarán,
Y a aquellos que toquen se les abrirá".

(Lucas 11:9.10)

Cuando persistes en tus esfuerzos para lograr un resultado deseado, le estás pidiendo a la Mente Universal que te conceda ese resultado deseado en tu vida.

La persistencia es la característica que tienen en común prácticamente todas las personas exitosas. Es el esfuerzo sostenido que debes obtener para inducir la fe en tu habilidad propia y conseguir los resultados deseados en tus actividades. Tu persistencia es una medida de tu fe en tus propias habilidades y destrezas. Mientras más persistente seas en el logro de un resultado en particular, mayor será tu creencia en ti mismo y en tus habilidades.

Sin persistencia, no serás exitoso

Cada uno de nosotros está dotado con el poder de la persistencia. A veces usamos este poder en la dirección equivocada, en las cosas equivocadas. Algunas personas son más persistentes en intentar fracasar que en intentar el éxito.

La persistencia siempre debe estar combinada con la inteligencia. La antigua expresión, "Si al principio no tienes éxito, entonces inténtalo de nuevo y luego de nuevo", debería hacerse más clara agregando el pensamiento, "inténtalo de nuevo, de maneras diferentes y mejores". No te estanques siendo persistente en usar métodos erróneos. Es mucho más recompensante ser persistente en encontrar métodos nuevos y mejores para conseguir los resultados deseados.

Cuando el avanzar se hace pesado,
lo pesado debe avanzar.

Cuando eres persistente en tus esfuerzos, la ley de los promedios trabaja a tu favor. El universo armónico está repleto con experiencias positivas y negativas. Cuando persistes a través de las experiencias negativas, y te mantienes avanzando sin importar lo que pase, entonces eres tú el que estarás ubicado en el lugar donde las experiencias positivas comenzarán a fluir. De hecho, es la fe generada por tu persistencia la que atrae las experiencias positivas.

Un desertor nunca gana,
y un ganador nunca deserta.

Cuando llegues al final de la cuerda,
haz un nudo en ella y sostente.

¿Porque la gente se rinde o desiste?
Desistir es no tener fe en ti mismo.

Obstáculos a la persistencia

Los dos obstáculos principales para el hábito de la persistencia son:

1. El miedo a la crítica.

2. El hábito de la indolencia.

El miedo a la crítica destruye tu ánimo, tu creatividad y tu confianza en ti mismo. Date cuenta que la mayoría de las personas critican a otros por ignorancia, envidia, celos y otros sentimientos de inferioridad. Si estás siendo criticado, probablemente estás haciendo lo correcto para tener éxito.

La práctica de la indolencia es la causa número uno del fracaso. Por ejemplo, puedes reconocer el valor de la persistencia, pero ser indolente en comenzar a practicarla. Todo lo que está ocurriendo en el mundo, está siendo hecho en este momento. El único tiempo para emprender la acción respecto a tus metas y tu visión, es el presente. Lo que ocurra mañana está determinado por lo que hiciste o no hiciste hoy.

La indolencia es un ladrón de tiempo

La persistencia se construye mediante la acción continua. La indolencia se construye mediante la inacción continua. Cuando no existe una acción con un propósito, debido a la indolencia o a algo más, no puede haber persistencia, y por lo tanto no puede haber éxito.

Cómo vencer la indolencia

1. Date cuenta que la indolencia es una de las principales causas del fracaso.

2. Date cuenta que cuando permites que la indolencia opere en tu vida:

a. Desperdicias tiempo.

b. Tus deberes no se llevan a cabo.

c. Pierdes oportunidades.

d. Pierdes compromisos importantes.

e. Tu vida se esparce, como los granos de arena en el viento, hasta que no queda nada.

3. Domina el secreto de lograr que se hagan las cosas: ¡Hazlo ahora!

Seis maneras de desarrollar el hábito de la persistencia

1. Ten un propósito, hecho tuyo, claramente definido, así como un deseo profundo y ardiente para su realización.

2. Ten un plan definido manifestado en la acción continua. No te detengas con demasiada anticipación por descanso, recompensa, vacaciones, cumpleaños, etc.

3. Mantén una alianza amistosa con una o más personas que te animen a continuar con tus planes o tu propósito. Forma un Grupo de la Mente Maestra. Este es un grupo de dos o más personas compartiendo el conocimiento y el esfuerzo, en un espíritu de armonía, para el logro de un resultado deseado.

4. Decide de una vez por todas que el fracaso es sólo una pausa temporal, no un destino.

5. Date cuenta que "algo por nada" es una ilusión. Todo lo que vale la pena requiere de un esfuerzo extra para obtenerlo.

6. Deja de desear que tu vida se desperdicie. Comienza a realizar lo que debe hacerse para lograr los resultados que deseas. Convierte tu piedra de la suerte en tu piedra angular al éxito.

7. Actúa ahora. Emprende la acción de inmediato.

Vence la indolencia para comenzar.
Ignora la crítica y continúa.

Practica la persistencia en todo lo que hagas,
y tendrás los resultados deseados.

Capítulo 13

LA LEY DE LA VERDAD

La doceava ley universal del éxito es la Ley de la Verdad

"Y conocerán la verdad,
y la verdad los hará libres".

(Juan 8:32)

Y, ¿cuál es esta verdad que te hace libre? La verdad que te hace libre es tu comprensión básica del Universo, las leyes y principios con los que opera y la forma en que te acoplas en este Universo. La verdad es el fundamento de este Universo.

"Por lo tanto, a todo el que oye mis dichos y los hace,
los compararé con una persona con sabiduría,
que edificó su casa sobre una roca.

*"Y descendió la lluvia y vinieron las inundaciones
y soplaron los vientos y dieron con ímpetu
contra aquella casa, pero no se hundió porque
había sido fundada sobre una masa rocosa."*

(Mateo 7:24,25)

Los elementos de la Verdad

1. Existe una Causa Primera. Ya sea que le llamemos Dios, Fuerza Universal, Mente Divina, El Creador o cualquier otro nombre, es la misma Causa Primera. Llámala El Creador.

2. Este Creador tiene una inteligencia que opera a través del orden y el principio.

3. Esta inteligencia, a través del orden y el principio, es todopoderosa, omnisciente y está en todas partes a la vez.

4. Esta inteligencia, operando a través del orden y el principio, es el poder de la verdad, el cual es total y completo, abarcando todo lo positivo y negativo de todas las cosas. Lo bueno, lo malo; la vida y la muerte.

5. Todo lo creado en el Universo encierra este poder de la verdad, a través de la inteligencia, el orden y los principios, de acuerdo a su naturaleza.

6. La humanidad fue creada a imagen y semejanza de El Creador, y dotada de ciertos derechos y poderes inalienables.

7. Estos derechos y poderes de la humanidad se incrementan cuando son congruentes y armoniosos con el poder de la verdad según lo estableció El Creador.

8. Las Leyes Universales del Éxito son una parte integral del poder de la verdad que guía a la humanidad hacia una relación armoniosa con el Universo y El Creador.

9. Cuando estudies estos elementos de la verdad, los practiques, los hagas internos, y los domines, conocerás la verdad y serás libre.

Dominando el poder de la Verdad

Domina las Doce Leyes Universales del Éxito para que te guíen en tu jornada hacia tus metas, visión, y propósito. Asimila y comprende estas leyes como declaraciones concisas y simples de la verdad que puedes expresar rápidamente en tu conciencia.

Lo siguiente es una declaración concisa de las Doce Leyes Universales del Éxito:

1. La Ley del Pensamiento

Te vuelves aquello en lo que piensas más tiempo. Lo que aceptas es lo que energetizas. Lo que energetizas es lo que obtienes.

2. La Ley del Cambio.

Cambias tu vida mediante cambias tu forma de pensar.

3. La Ley de la Visión.
Lo que ves con claridad en tus pensamientos es lo que logras en tu vida.

4. La Ley de Mando.
Lo que dices es lo que obtienes.

5. La Ley del Magnetismo Humano.
El semejante atare al semejante. Sé la persona que quieres ser, para atraer a la gente que quieres conocer, las experiencias que deseas tener y las posesiones que buscas disfrutar.

> *"Lo que llevas en tu corazón,*
> *se ve en tu rostro".*
>
> (Lavinia E. Sneed)

6. La Ley de la Concentración y la Disciplina.
Mantén el ojo en el premio. Todas las distracciones son iguales, e igualmente contraproducentes. Manténte en control todo el tiempo.

7. La Ley de la Acción.
Cómo ser más eficaz al hacer lo que se debe hacer.

8. La Ley del Valor y del Intercambio Mutuo.
Invierte tu tiempo, pensamientos, energías y dinero sabiamente y de manera eficaz. No existe tal cosa como un almuerzo gratuito.

> *"Si tu egreso excede a tu ingreso,*
> *tu manutención se vuelve tu derrota".*
>
> (Russell Hemphill)

9. La Ley de las Relaciones.

Haz a otros lo que te gustaría que hicieran contigo.

"Si deseas tener amigos,
sé amistoso".

(Elder Linwood Nesbitt)

10. La Ley del Abastecimientoy la Oportunidad.

Siempre hay suficiente de lo que necesitas exactamente.

11. La Ley de la Persistencia y los Resultados.

Un ganador jamás deserta, y un desertor jamás gana. Manténte firme y sigue avanzando.

12. La Ley de la Verdad.

La verdad te hará libre.

Principios de la Verdad

Integrado con estas Leyes Universales del Éxito, hay otros principios de la verdad que afectan todos los aspectos de tus pensamientos, emociones y acciones. Estos principios son:

1. El Principio de la Perfección.

"Sé, por lo tanto, perfecto,
como tu Padre,
que está en los cielos y es perfecto".

(Mateo 5:48)

Sé lo mejor y lo más encumbrado que puedas ser. Es parte de tu naturaleza el buscar lo bueno y positivo en todas las situaciones, circunstancias y asociaciones.

Tu Padre, tu fuente, está en la conciencia, que es toda completa y perfecta. Establecer una relación armoniosa con tu fuente, te coloca en el camino correcto de todas las cosas.

2. El Principio de Oración.

Debe haber una comunicación personal y diaria con tu Creador. Esta comunicación debería ser una oración de alineación, que te ponga a ritmo y en armonía con todo lo que es bueno para ti.

> *"Bendita es (la persona) que camina,*
> *sin el consejo del malvado,*
> *ni está en el camino de los pecadores,*
> *ni en el asiento del desdeñoso.*
> *Sino que se deleita en la ley del Señor;*
> *y en la ley (de Dios) medita día y noche,*
> *y cualquier cosa que hace prospera".*

> (Salmos 1:1,2)

La buena fortuna se acerca a ti cuando permaneces alejado de la gente, los pensamientos y las actividades negativas. Evita a aquellos que ya han destruido sus vidas y que no tienen respeto por Dios, por ellos mismos o por otras personas.

Concentra tu vida en la ley de la verdad en todo momento.

Las Oraciones al Señor hacen esto perfectamente claro:

> *"Danos señor el pan nuestro de cada día."*

> (Mateo 6:11)

3. El Principio del Perdón.

"Porque si perdonan (a las personas) sus ofensas,
su Padre celestial también los perdonará a ustedes;
pero si no perdonan (a las personas) sus ofensas
tampoco su padre perdonará las suyas".

(Mateo 6:14,15)

Debes perdonar y liberar a otras personas de lo que hacen o han hecho. Esto te protege de las emociones negativas de celos, envidia, venganza y culpa. También, perdónate y libérate a ti mismo de lo que te has hecho. Esto te libera de las emociones negativas de la inseguridad, el autosabotaje y la culpa.

4. El Principio del Motivo.

Tu motivo es la inteligencia identificada con los sentimientos más profundos asociados a tus pensamientos. Son los aspectos subconscientes de cada pensamiento consciente.

"...tu padre que está fuera de tu vista,
que observa sin ser visto,
te lo recompensará con creces".

(Mateo 6:6)

El Padre, la Fuerza, El Creador en tu experiencia de vida, manifiesta lo que está en tus sentimientos más profundos. Los motivos de otra persona se transmiten a través de su mente subconsciente, directamente a tu mente subconsciente. Percibes sus motivos a través de tu intuición, tu sexto sentido. Confía en tu intuición. No es lo que una persona dice o hace, sino los sentimientos asociados con los motivos lo que determina cómo interactuará contigo. Puedes esconder la apariencia de tus motivos, pero no puedes esconder sus efectos.

5. El Principio del Juicio Correcto.

"Dejen de juzgar
para que no sean juzgados;"
"Porque con el juicio con el que juzgan
serán juzgados, y con la medida
con que miden serán medidos".

(Mateo 7:1,2)

"Hipócrita,
primero saca la viga de tu propio ojo,
y entonces verás claramente
como extraer la paja del ojo de tu hermano".

(Mateo7:5)

Juzgar es formar una opinión acerca de algo o alguien después de una cuidadosa serie de preguntas y evaluación. El principio del juicio da por hecho que debes ser correcto y justo en tus preguntas y evaluaciones sobre otras personas. Haz juicios correctos en todo momento y en todas las circunstancias. Si eres injusto, prejuiciado y con favoritismos al formar tus opiniones acerca de otros, crearás una respuesta negativa y hostil de odio y venganza. Esta respuesta negativa regresará hacia ti.

Si juzgas a otra persona de manera correcta, entonces demuestras una actitud positiva que crea una atmósfera de verdad, equidad y respeto. Lo que radias y proyectas a través de un juicio correcto, lo atraes y recibes en un juicio correcto de otras personas hacia ti.

6. El principio de discernimiento.

No te dejes engañar por las apariencias. Para ser exitoso, debes aprender a ver la verdad en cada circunstancia y situación. Te debes convertir en un juez rápido y exacto de las personas y de sus motivos.

> *"Cuídense de los profetas falsos*
> *que vienen a ustedes en ropa de oveja*
> *pero por dentro son lobos voraces".*
> *"Los reconocerás por sus frutos..."*
> *"Asimismo, un buen árbol produce un buen fruto,*
> *un buen árbol no puede producir un mal fruto*
> *ni árbol podrido produce un buen fruto,*
> . . . .
> *"Realmente, pues, por sus frutos los reconocerán".*

(Mateo 7:15-20)

Confía en tu propia intuición, sentido común y comprensión de las leyes y principios del éxito para distinguir la verdad en cualquier situación.

La vida deja pistas del principio y la experiencia. Sé totalmente observador y sensitivo a tu voz interna y a tus sentimientos.

La Ley de la Causa y el Efecto

La fuente de tu poder de discernimiento es tu comprensión de la ley de la Causa y Efecto. El Universo opera mediante el orden y el principio a través de la causa y el efecto. Cuando te alineas con este orden y estos principios, la operación de la causa y el efecto revela la verdad en todas las cosas.

****

La ley de la verdad se hace propia mediante la fe y el sentimiento de que siempre existe una solución positiva y correcta. Esto garantiza que tengas todo lo que necesitas para obtener todo lo que quieres, para ir a cualquier lugar adonde quieras ir y para convertirte en la persona en la que te quieres convertir.

Capítulo 14

HOY ES EL MAÑANA DEL AYER

¡Hoy es el Ayer de Mañana!

Hoy es el resultado real de la eficacia de tus planes. Si utilizaste cada hora disponible de ayer, entonces has hecho todo lo que has podido para aumentar hoy tus posibilidades de triunfo, recompensa y éxito. Si desperdiciaste esos preciosos momentos de ayer en actividades improductivas y frívolas, tus recompensas vendrán hoy de una forma similar. Además de los resultados de tus esfuerzos previos, el hoy también contiene las semillas de las posibilidades de mañana.

El hoy incluye la oportunidad para hacer el mañana de la forma en que quieras que sea. El hoy es tu última oportunidad para influenciar y cambiar los resultados que seguramente llegarán mañana. Cada día representa los resultados y la comprobación de tus actividades previas, al mismo tiempo que una oportunidad para cambiar el futuro.

Aprovecha esta oportunidad diaria para cambiar, con una actitud positiva y un plan definido. Pon de inmediato este plan en acción mediante el trabajo continuo y eficaz. Los resultados de tus esfuerzos de hoy aparecerán con seguridad como la realidad de mañana. Donde te encuentres mañana, depende de qué tan sabia y eficazmente usaste tus horas disponibles de hoy.

Inicia cada día con una actitud mental positiva. Visualiza y concéntrate en tus metas. Elabora cuidadosamente tus planes. Escríbelos en detalle. Haz una lista de todo lo que tiene que hacerse cada día para lograr tus metas. Utiliza cada hora de cada día para realizar con eficacia los planes que producirán los resultados deseados. Al final de cada día hazte la pregunta diaria:

¿Hice hoy todo lo que pude para hacer el mañana de la forma en que quiero que sea?

Cuando puedas responder la pregunta diaria con la afirmación absoluta:

¡Sí, hice todo lo que pude, con todo lo que tenía para hacerlo!

Irás bien en tu camino al éxito y al triunfo que estás buscando, y que mereces tener en esta vida.

> *"Acérquense al precipicio", les dijo.*
> *"Tenemos miedo", le contestaron.*
> *"Acérquense al precipicio", les dijo.*
> *Se acercaron. Él los empujó.*
> *Y ellos volaron.*
>
> (Emir Salomón)

ACERCA DEL AUTOR

Herbert Harris ingresó a la Universidad de Columbia luego de su primer año en el bachillerato. Recibió una beca especial para asistir a esta Universidad sin haber terminado el bachillerato.

Al graduarse de la Universidad de Columbia con un título en Física, el Sr. Harris realizó investigaciones en Física teórica y Física de la energía superior.

Al dejar el campo científico, Herbert se convirtió en un investigador de la Revista *Time*. Perfeccionando su destreza en *Time*, emprendió una carrera de escritor independiente, que con el tiempo evolucionó a una columna en un periódico nacional, llamada **Pensamientos para el Éxito.**

La colección de estos artículos periodísticos se ensamblaron en un libro titulado **Pensamientos de Poder para tu Éxito.**

El Sr. Harris formó un equipo con Lucien Farrar para escribir **Cómo Hacer Dinero en la Música**, un libro instructivo muy popular en la industria de la música, publicado por Arco/Prentice Hall.

Bajo la tutela del distinguido abogado de Nueva York, Benjamin Sneed, Harris aprendió por sí mismo leyes, y probablemente es la última persona en aprobar el Examen de la Barra Estatal de Abogados de Nueva York, sin haber asistido jamás a la escuela de leyes.

Luego de dirigir su propio despacho de abogados durante muchos años, el Sr. Harris se retiró de la práctica de la abogacía, para dedicarse de tiempo completo a una carrera de escritor y conferencista.

Herbert ha sido siempre un estudiante, dedicándose activamente a sus estudios religiosos, esotéricos, filosóficos y metafísicos, en frica, Israel, Egipto y en cualquier otro lugar a donde fue necesario ir. Su último libro, **Las Doce Leyes Universales del Éxito**, proporciona un planteamiento organizado, directo, paso por paso, de los principios y las leyes básicas mediante las que opera el Universo.

En la actualidad, el Sr. Harris divide su tiempo en escribir, dar conferencias y conducir seminarios y talleres del Instituto Destrezas para la Vida.

ÍNDICE

TÍTULOS DE ESTA COLECCIÓN

Impreso en Offset Libra

Francisco I. Madero 31

San Miguel Iztacalco,

México, D.F.